EDUCAR
CON SERENIDAD

PATRICIA RAMÍREZ

EDUCAR
CON SERENIDAD

SOLUCIONES CREATIVAS
PARA PADRES DESESPERADOS

Grijalbo

Primera edición: mayo de 2019
Primera reimpresión: julio de 2019

© 2019, Patricia Ramírez Loeffler
© 2019, Penguin Random House Grupo Editorial, S. A. U.
Travessera de Gràcia, 47-49. 08021 Barcelona

Creación y adaptación de las ilustraciones interiores: Jorge Penny

Printed in Spain – Impreso en España

ISBN: 978-84-253-5775-6
Depósito legal: B-7.611-2019

Compuesto en M. I. Maquetación, S. L.

Impreso en Limpergraf
Barberà del Vallès
(Barcelona)

GR 5 7 7 5 6

Penguin
Random House
Grupo Editorial

A Carmen y Pablo, porque me reinventáis cada día como madre. Y porque lo que veo en vosotros es la afirmación de que haberos educado desde pequeñitos con serenidad, sentido del humor, límites consensuados, pensamiento crítico, paciencia y libertad nos ha llevado a tener una relación maravillosa, tierna, cariñosa, de confianza, disfrute y plenitud. Que siempre nos dure este vínculo tan maravilloso que tenemos.

Y a las niñas, con las que he aprendido que las parejas de los padres podemos ser maravillosas y quereros a rabiar.

Gracias, papá, por transmitirme siempre que había que vivir para disfrutar, que tenía que elegir lo que me hiciera feliz y no lo más conveniente. Valores basados en una vida plena en lugar de en una vida convencional.

Y a ti, abuela, por tu amor incondicional, que malcría pero teje la red para vivir con valentía. A tu lado siempre me he sentido segura y nunca juzgada.

Y a ti, amor, que te toca lidiar con la parte desenfadada de la educación. Y a veces, entre todos, te sacamos un poco de tu rutina y método. Lo sentimos... o no, jaja.

Índice

Introducción

Este libro no está basado en las leyes de aprendizaje de los niños y los adolescentes. Si buscas información sobre cómo aprenden y qué hacer para entenderlos y educarles mejor, puedes leer el blog de Marisa Moya, licenciada en Psicología por la Universidad Autónoma de Madrid y certificada como entrenadora de Disciplina Positiva y neuropsicoeducadora, o el libro *El cerebro del niño explicado a los padres* del Dr. Bilbao. Esta obra ha nacido de una necesidad que he detectado en los muchos talleres que imparto por toda España.

En la consulta y en los talleres me he dado cuenta de que los padres se toman la educación muy en serio. Y no me malinterpretes. La educación es algo muy muy importante, pero debemos despojarla de ese tono solemne, serio, rancio. Debemos dejar de copiar antiguos modelos para empezar a innovar, ser creativos y pensar que existe otra educación sin recurrir a los gritos y a la figura de autoridad. Está claro que no todos los niños responden igual, pero puedo asegurar que la mayoría de ellos responden mucho mejor cuando respetamos sus tiempos, les dejamos su espacio y los tratamos con el máximo respeto, como lo haríamos con un igual.

Esto no tiene nada que ver con dejar que hagan lo que quieran, ni mucho menos. Si hay algo que no podemos pasar por alto en la educación de nuestros hijos, alumnos y deportistas es ponerles límites y enseñarles valores, como la disciplina, el trabajo, el esfuerzo o la responsabilidad. Pero el dilema está en cómo ponemos esos límites y cómo educamos en valores. Aquí es donde yo quiero echarte una manita. Una manita fruto de mi experiencia. Llevo veinticuatro años trabajando como psicóloga y también imparto un taller que se titula «Educar con serenidad», que da título a este libro, en el que contemplo tus inquietudes, miedos, debilidades, errores, culpas... Y siempre te diré que, en general, todo puede ser más sencillo.

Además, en casa tenemos cuatro maravillosos adolescentes, dos por parte de mi marido y dos por mi parte. Por ahora, educar con serenidad nos ha funcionado. Y no podemos echarnos flores como si todo lo bueno que tienen fuera resultado únicamente de la educación. Que un chaval sea respetuoso, responsable y buena persona depende no solo de los padres, también influyen muchas otras variables del entorno, como la educación que reciben de los abuelos y familiares, de los maestros, tutores, entrenadores y, sobre todo, de sus iguales. Y ahora también tenemos que incluir en estas variables cómo les afectan las redes sociales, las nuevas tecnologías y los medios de comunicación.

Este libro no está pensado para solucionar grandes problemas como los que podríamos ver en *Hermano ma-*

yor de la mano de mi amigo y queridísimo Jero García. Es un libro que te ayudará a lidiar con los conflictos cotidianos cuando tienen que ducharse, obedecer, ser más responsables, menos contestones, más obedientes, más empáticos, menos nerviosos, mejores comedores… También te ayudará con todas esas etiquetas que inconscientemente colgamos a nuestros hijos y que nos llevan a verlos como difíciles, caprichosos, maleducados, holgazanes, y que puede derivar en que acabemos gritando, desesperados y perdiendo los papeles.

Las dinámicas y los juegos que vas a encontrar en *Educar con serenidad* se basan en los distintos aprendizajes del ser humano y están respaldados científicamente. Pero lejos de perdernos en leyes y teorías, mi objetivo es convertir esa ciencia en creatividad, en ideas que a veces no se nos ocurren a los padres, bien porque no encontramos tiempo, bien porque caemos en la desesperación o bien porque no todos somos tan imaginativos en lo que a la educación se refiere.

A mí siempre me ha parecido que jugar es divertido. Pero además hoy sabemos que jugar es una forma de aprender, desde la tranquilidad, desde la inspiración, desde la diversión. Todo es más fácil desde el juego. Cuando planteo esto en mis talleres, muchos padres me preguntan, como si fuera algo tedioso: «Pero entonces ¿tengo que estar jugando con mis hijos a todas horas para que me obedezcan?». De entrada, la pregunta me choca un poco, porque enseguida se me ocurre contestar: «¿Y por qué no?». La respuesta es muy sencilla. Nuestra mente cuadriculada, exigente, seria, no tiene claro que jugar todo el día sea algo que esté bien. De hecho, una vez superada la infancia, jugar es algo que pasa a un segundo plano. «Niño, ¿puedes dejar de jugar y de perder el tiempo y ponerte a estudiar?» Jugar se asocia a diversión, a entretenimiento, incluso a pérdida de tiempo. Pero ¿y si a partir de ahora entendiéramos el juego como un sistema de aprendizaje? Olvidemos que jugar se asocia a irresponsabilidad y diversión. De hecho, muchas madres se quejan de que sus parejas dedican mucho tiempo a jugar con sus hijos. «En casa yo soy el poli malo: les pongo deberes, les pido que se comporten en la mesa, les mando a la ducha, y su padre solo juega con ellos. Se los lleva a montar en bici y se pelea con ellos como si fuera un niño más...» Empecemos a olvidarnos del poli bueno y el poli malo, y juguemos más con ellos. Juguemos a educar, a recoger, a hacer concursos. Porque de esta manera aumentamos su motivación, su compromiso, los chavales se divierten y piden más. Los niños quieren pasárselo bien, ¿qué hay de malo en ello? ¿No te gustaría a ti, padre o madre, llegar cada día a tu puesto de trabajo y que este fuera tan apasionante y divertido que te atrapara, lo disfrutaras y se te pasara el tiempo volando? Sería la bomba.

Los padres tienen miedo a que sus hijos les pierdan el respeto si juegan con ellos a la hora de educarles. O tienen miedo de que esto lleve a sus hijos a relajarse y a no entender el sentido de la responsabilidad. Pero ¿y si fuéramos capaces de educar en esos valores de forma divertida? ¿Siempre será posible? No. Pero sí muchas más veces de las que te imaginas. Y cuando no lo sea, tampoco vas a necesitar los gritos ni las amenazas, y mucho menos levantar la mano. De hecho, cuando una situación se haya enquistado, cuando os esté generando ansiedad a ti y a tu hijo, por favor, pídenos ayuda. Como ya he comentado, este libro no pretende solucionar grandes problemas o problemas que llevan mucho tiempo sin solución. Para eso tienes que acudir a un psicólogo. Aquí encontrarás las claves para abrir la mente, para ver la educación cotidiana desde otra perspectiva. Y sobre todo para evitar, a través de la serenidad y el juego, que una conducta normal de un niño termine por convertirse en un problemón en casa.

Cuando los padres escuchan las propuestas de dinámicas en mis talleres me dicen: «Vaya, es que eso a mí no se me ocurriría nunca». Claro, es que este es mi trabajo, lo disfruto y trato de ser creativa. A mí tampoco se me ocurriría hacer esos disfraces tan maravillosos que cosen algunas madres para las fiestas del colegio. Creo que mis hijos tienen un trauma con los disfraces porque siempre eran los peores, en concreto recuerdo uno de una gota de agua… (Y ahora que lo pienso, por favor, maestras y maestros, ponédnoslo más fácil. No podemos ser buenos en todo.) Así que cuando a mi hija le tocó hacer de protagonista en la obra de teatro *El mago de Oz*, decidí contratar a una costurera. El resultado fue que la niña llevó un traje precioso, estaba guapísima y lo hizo realmente bien. Y yo no me esforcé en coser un vestido, tarea para la que soy nefasta. En casa, los botones los cose mi marido; es el tío más apañado que conozco.

Acabas de contratarme con este libro para poner un poco de juego en tus técnicas de educación. Así que espero que al final salgas a escena, disfrutes de los ratos que pasas con los niños, reduzcas el estrés que supone que te obedezcan y que despierte en ti la creatividad. Lo bueno de la creatividad es que cuando alguien te ofrece una idea, a partir de ahí vas sacando un hilo con nuevas propuestas. Te dejo una pincelada de pequeñas cosas que puedes empezar a corregir o a potenciar para eliminar errores educativos que llevamos arrastrando años y que no se sustentan en ninguna teoría psicológica.

Lo que sí y lo que no

No existe una fórmula para educar a nuestros hijos. Nadie puede anticipar a ciencia cierta si lo que apliquemos con ellos va a ser un éxito. Date cuenta de que todas las personas somos distintas, debido a la genética, las interacciones, el entorno; todo influye. Así que predecir que si haces A entonces sale B, es muy atrevido e imprudente. Pero sí sabemos qué tipo de leyes favorecen el aprendizaje, cuáles ayudan a potenciar la autoestima de nuestros hijos, cómo educarlos en valores para que sean independientes, seguros y personas de bien. También sabemos qué les duele, qué les humilla, qué rechazan y qué tipo de comportamientos o comentarios los alejan de nosotros.

Sentemos unas bases orientativas de lo que sí y lo que no favorece la educación basada en la serenidad y el respeto.

NO a...

Pegar. Este punto es completamente innegociable. No se pega nunca, jamás. Y siento decirte que tu excusa de «a mí me dieron unas cuantas tortas de pequeño y no tengo ningún trauma» no justifica nada. Además, es mentira. Pegar es la base de la agresividad y del poder mal entendido. Si tú pegas, tu hijo pega. No a ti porque no se atreve, o igual de mayor sí, cuando te saque una cabeza, como he visto en varias familias que he tratado. Pero sí a sus amigos, a su pareja o a quien se le ponga chulito en la discoteca. ¿Por qué? Porque tú le has enseñado que esa es la manera de tener el control, de que los demás te obedezcan y de zanjar asuntos por la vía rápida. Los padres, maestros y entrenadores somos las figuras de seguridad para nuestros hijos. Si cualquiera de nosotros les pega, ¿qué pueden esperar de sus rivales o sus competidores en la vida? Tu función es educar sin lastimar.

Gritar. Con gritar ocurre lo mismo que con pegar. No es tan lesivo, pero es humillante y una falta de respeto. Cuando gritas muestras descontrol, falta de paciencia, de reflexión, y el niño interpreta que puede contigo. Gritar es sinónimo de «no puedo más, me tienes harto». Y nuestros hijos no pueden deducir nunca que estamos colapsados, que no tenemos recursos y que educarles es un suplicio. Para dejar de gritar y pegar existen muchas técnicas de autocontrol en las que puedes entrenarte.

Comparar, amenazar, criticar o humillar. Nada de esto te ayuda a que espabilen y obedezcan. Solo consigues que tu hijo se sienta inseguro, ridículo, menos que su hermano, peor que los demás. ¿Qué buscas con este método? Porque, sea lo que sea, no lo vas a encontrar. A veces pensamos que no estamos comparando y puede que no lo hagamos directamente, pero en el fondo sí. Por ejemplo, comentarios tan simples como «eres igualito que tu padre» después de discutir con el padre porque no colabora en casa, es una comparación horrible. O pedirle que tenga el cuarto tan ordenado como su hermano. Es más sencillo pedirle: «Por favor, haz tu cama y recoge la ropa sucia de ayer». No necesitas que se sienta mal por no ser «tan bueno» como su hermano. Este tipo de rivalidad provoca celos, y es fácil que acaben atacándose y peleándose entre ellos. Y los padres odian ver a sus hijos discutir. Otra comparación muy común consiste en hacer algún comentario inocente a tus amigos, familiares o a tu pareja delante de ellos del tipo: «Estos hermanos no se parecen en nada, cualquiera diría que llevan los mismos genes», porque en ese momento la mente del niño vuela hacia: «Si no nos parecemos en nada, ¿a quién quiere más, quién es mejor?».

Sobreproteger. Cuando haces por tu hijo lo que tiene que solucionar él solo, impides que desarrolle su esfuerzo, su creatividad y su paciencia. El niño necesita explorar, frustrarse, equivocarse, analizar, corregir, tropezar. No me refiero a actividades que supongan un peligro para él, como que aprenda a cocinar cuando aún es pequeño. Pero sí tienes que dejar que prepare su mochila de deporte, que elija su ropa para el instituto dentro de un abanico de posibilidades (no va a ir con pajarita, claro está), que resuelva los problemas con sus amigos y no tú a través del grupo de padres de WhatsApp, que se busque la vida para saber qué deberes le han puesto si se ha dejado la agenda en el cole, que se duche solo y se seque, se ponga crema y se vista (muchas madres me dicen que sus hijos no se aclaran bien la cabeza, y digo yo que tampoco es tan importante, ninguno se va a quedar calvo), que coman solos aunque se manchen, etc.

SÍ a...

Respetar los tiempos. Tus hijos tienen tiempos diferentes. Cada uno tiene una capacidad de comprensión y una velocidad de aprendizaje distintas. Y además, no todos poseen las mismas habilidades. Puede que uno se ate los cordones de los zapatos desde los 5 años y puede que otro no lo aprenda hasta los 10. Y no pasa nada. No me refiero aquí a la dejadez o la comodidad, sino a que no todos somos hábiles para todo cuando nos gustaría. Respeta los tiempos de tus hijos. Uno come muy rápido y el otro es diésel, pues no pasa nada. Deja de meterles prisa y exigirles tanto.

Corregir desde el respeto, proponiendo soluciones en lugar de machacar con los errores. De esta forma conseguirás que aprendan qué necesitas de ellos en lugar de incidir en lo que no te gusta. Cuando le dices a tu hijo: «Eres un desastre, siempre llegas tarde, te entretienes con una mosca», realmente no le estás diciendo nada de provecho. Es preferible corregir esa conducta desde lo que tú necesitas de él: «Necesito que salgamos de casa a las ocho y media para que los dos lleguemos puntuales, tú al colegio y yo al trabajo. Por favor, termínate la leche y lávate los dientes, que nos vamos». Puede que aun así no te obedezca a la primera, en cuyo caso tendremos que decidir qué consecuencias conlleva ese comportamiento. Pero lo que está claro es que la otra manera de corregir hace que se sienta atacado y etiquetado, y así no va a reaccionar nunca. Y si no, dime, ¿cuánto tiempo llevas intentándolo sin conseguir ningún resultado?

Favorecer el error fruto de la iniciativa, la creatividad o el intento. Tenemos que educar a personas valientes, proactivas, con propuestas, atrevidas. Permite que elija su plato en el restaurante, aunque luego no le guste lo que ha pedido; que tome la iniciativa en algunas de sus rutinas; que escoja la ropa que va a ponerse, dentro de unos límites, aunque no encaje con el evento familiar al que vais; que decida sobre su carrera profesional, sus optativas, sus amigos, sus ideas religiosas, políticas, etc. Cabe la posibilidad de que se equivoque, pero permite que desarrolle el pensamiento crítico, la curiosidad, que tenga ideas. Es lo más valioso que puede aportar en un futuro a su desarrollo profesional. Muchos jóvenes tienen una carrera, pero alguien que sepa pensar por su cuenta no es tan frecuente. Valora sus intentos. Enséñale a analizar sus errores y a buscar soluciones, no a machacarse por ellos.

Transmitir amor incondicional siempre, incluso cuando se porta mal. El amor no tiene precio. Decirle a un hijo «cuánto te quiero» o «qué orgullosa estoy de ti» cuando saca un sobresaliente, hace que lo vincule al éxito. Pero los padres les queremos lo mismo saquen un sobresaliente o no. Así que da muestras de amor incondicional, al margen de sus éxitos y sus fracasos. Es genial que te pillen hablando bien de ellos con tu madre, con tu amiga, con quien sea.

Ayudar a sacar todo su potencial. Para ello tienes que prestar atención a los talentos de tu hijo. Puede que sean musicales, deportivos, o que se le dé bien construir con piezas de Lego, dibujar u ordenar el trastero. Todos los niños tienen un talento. Solo tienes que descubrir cuál es. Tenemos muy limitada nuestra capacidad de atención en este tema y solemos centrarnos en la parte más escolar. Pero en esta vida hay talentos para todo. ¿Qué le resulta fácil a tu hijo?, ¿a qué le gusta jugar?, ¿a qué le dedica horas sin aburrirse? Todos hacen algo bien. Solo tienes que estar atento.

Jugar. Ya sé que me dirás que a ellos lo que les gusta son los videojuegos. Pues igual podrías buscar otro tipo de juegos que tuvieran estrategia. ¿Te has sentado alguna vez con tus hijos a echar una partida de Risk? Es espectacular. En mi casa también hay afición a la consola y a los vídeos de YouTube, pero en cuanto proponemos echar una partida de cartas o de cualquier juego de mesa, se apuntan todos. Los videojuegos son muy atractivos, no se los niegues, pero si ofreces alternativas en las que además te impliques tú, seguro que les encantará participar.

Potenciar su autoestima. Diles que son buenos, cariñosos, que confías en ellos. Todos los días, diles algo que te haya gustado, muéstrales amor, enséñales que somos diferentes y todos tenemos cosas especiales. Hazles saber qué tienen ellos de especial. ¡Hay tantas cosas divertidas, chulas, ingeniosas, inteligentes que hacen durante el día! Deberías estar atento y decírselas. Y tranquilo, cuando les refuerzas, tus hijos no se relajan, ni se vienen arriba, ni se creen más que los demás. Al contrario, cada vez que les refuerzas les enseñas lo que necesitas de ellos, les haces ver dónde está su valor y lo que aportan. Y esto les da seguridad y confianza.

Interesarse. Cuando nuestro hijo vuelve del cole, los padres solemos preguntar: «¿Qué tal has comido?», «¿Has estado atento en clase?», «¿Traes alguna nota?», «¿Qué tal el examen?». A él estos temas no le interesan, y quiere lo mismo que tú, hablar de lo que sí le interesa. Cambia tu aburrido repertorio de preguntas: «¿A qué habéis jugado hoy en el patio?», «¿Cuál ha sido la maestra más graciosa?», «¿Ha pasado algo divertido en el cole?», «De todo lo que hoy te han enseñado, ¿qué te ha parecido fascinante?», «¿Cómo están tus amigos?», «Y tu amigo Fulanito, ¿cómo lleva la separación de sus padres?».

No juzgar. Este es el gran error en la comunicación entre padres e hijos. Queremos protegerlos, enseñarles el camino del bien y del mal, y a la primera que se abren con nosotros, en lugar de satisfacer nuestra curiosidad y permitir que sigan hablando, les cortamos diciendo: «Qué barbaridad, ¿eso ha hecho tu amiga? Me parece horrible». Luego queremos que tengan confianza en nosotros, pero así es imposible. Tampoco la tendrían en ti tus amigos si mientras te cuentan algo con lo que no comulgas, los cortases, juzgases y adoctrinases. Está claro que no debemos permitir conductas peligrosas y que tenemos que educar en valores, pero igual no es el momento adecuado justo cuando nos están contando algo que para ellos es importante. Solo escucha y, en todo caso, pregunta: «Y a ti, ¿qué te parece?, ¿tú estás de acuerdo?». Y por cierto, ¿tú te sientes juzgado por tus hijos? No, porque para ellos somos dioses, sobre todo hasta que llegan a la adolescencia. Por favor, por lo que a ti respecta, intenta que ellos también se sientan así.

Sinceridad y honestidad. Eres su modelo de conducta, la persona a imitar. Si no quieres que te mientan, adecua la información pero di la verdad, adapta las cosas que cuentas en función de su edad pero no mientas nunca.

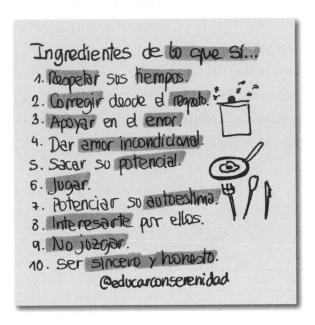

Y ahora, adentrémonos en los cinco capítulos en los que está dividido este libro:

1. *No pierdas los papeles*

La idea es trabajar con dinámicas que entrenen la capacidad de autocontrolarse, tanto para ti como para tus hijos. El autocontrol es la clave del éxito.

2. Hoy jugamos a obedecer

Sí, el juego consiste en obedecer. ¡Con el impacto que tuvo Mary Poppins, y qué poco se ha repetido la actividad de recoger los juguetes bailando al ritmo de la música!

3. Aprendamos a sentir

Los niños, al igual que muchísimos adultos, desconocen el mundo de las emociones. ¿Qué sienten?, ¿cómo se llama eso que sienten? Tenemos que enseñarles a gestionar sus emociones, no a negarlas. Prohibido decirles que no lloren, que no estén tristes, etc. Aprenderán a reconocer qué sienten y a utilizar técnicas que les ayudarán a sentirse mejor y a regular su estado de ánimo para evitar el bloqueo.

4. No me chilles que no te escucho

La idea es aprender a comunicarnos y a entendernos mejor. Hay una diferencia entre comunicación y entendimiento. No por hablar mucho las personas se comprenden mejor. Con frecuencia utilizamos con nuestros hijos técnicas que no son bidireccionales. Y hay que favorecer una comunicación libre, amigable, con un tono y un volumen de conversación que invite a que ellos se sientan a gusto. Y otra cosa importante es asegurarles la confianza. Sería genial poder firmar la Ley de Protección de Datos con los hijos. Porque hay muchos padres y madres un poquito imprudentes que cuentan a amigos y familiares, así como en las redes sociales, cosas que sus hijos no desean que se sepan. La confianza la tienes que tener en casa, no con los de fuera. «¡Anda, hijo, pero si solo es la abuela!» Ya, pero tu hijo no quería que la abuela lo supiera.

5. *Valores para la vida*

Y por último, eduquemos en valores. Se trata de proporcionar a nuestros hijos una filosofía de vida que les permita convertirse en hombres y mujeres de bien. Ni tiburones en sus trabajos, ni los más listos de la clase, sino personas de bien.

En este libro, como en mis dos libros anteriores, *Si salieras a vivir* y *Estrena optimismo*, te invito a dibujar, escribir y jugar. Porque creo que es la manera más fácil de aprender. Se aprende con lo que se lee, con lo que se ve, pero mucho más con lo que se interactúa. Por eso tienes listas, dibujos, tablas, post-its y juegos, muchos juegos.

Y sin más dilación, vamos al lío. Ya verás como te encanta liarte jugando.

1

NO PIERDAS
LOS PAPELES

Dinámicas para trabajar el autocontrol
con padres e hijos

«Es que me saca de quicio, y ya no sé qué hacer para que me obedezca. Lo he probado todo: gritos, un guantazo, castigarle, dejarle sin ir al fútbol... No funciona nada.» Igual que el chocolate no engorda, sino que engordas tú que te lo comes, con los hijos ocurre algo parecido: no son ellos los que nos sacan de quicio, somos nosotros los que perdemos los papeles.

La psicología positiva, una contribución del maravilloso Martin Seligman, trata de buscar modelos que sí funcionan (de bienestar emocional, de autocontrol, de paz interior, de positividad) para copiar lo que esas personas están haciendo. Está claro que todos tenemos una genética, una memoria, unas experiencias, incluso traumáticas, y unas circunstancias que pueden condicionarnos, pero ¿por qué hay padres y madres que en situaciones parecidas mantienen el control?

LOS HAY QUE PERMANECEN SERENOS,
QUE HABLAN CALMADOS, QUE NO DAN VOCES,
QUE SON PACIENTES. TÚ ERES IGUAL QUE ELLOS,
SOLO QUE NO ESTÁS ENTRENADO.

¿Qué factores externos nos llevan a perder el control? Es importante conocerlos porque de ese modo podremos estar alerta, pues en esos momentos somos más vulnerables. Así podremos anticiparnos.

Estos pueden ser los estresores de una mamá cualquiera:
- La carga de trabajo.
- Compañeros o jefes tóxicos.
- Que no le entren los vaqueros.
- No haber dormido bien.
- No tener tiempo para ir a arreglarse las uñas y estar bien para la boda del fin de semana.
- No poder descansar un poco después de comer.
- Acumular demasiados correos en la bandeja.
- No hablar bien inglés y ponerse nerviosa con un cliente americano.
- ...

¿Y los tuyos? Al identificar nuestros estresores, les quitamos un poco de carga a los niños. Ellos no son responsables de nuestras reacciones. Lo que ocurre es que llevamos una vida con más actividad de la normal. No se puede conciliar, vamos corriendo a todos lados, y al final soltamos el grito a quien colma el vaso. Pero los niños o tu pareja solo han colmado el vaso, no son quienes lo han llenado, aunque es fácil perder los papeles con aquellos que sabemos que siempre estarán a nuestro lado.

Prueba ahora a escribir tus estresores.

Mis estresores son…

Juego 1

Ahora pongamos en marcha el primer juego. A ver qué te parece. Y este podéis realizarlo tú, tu pareja y los niños.

Lo ideal sería encontrar soluciones a nuestros estresores y preocupaciones e ir cerrando carpetas. Pero no siempre es posible. Igual no podemos solucionarlos en el día, pero sí poner una distancia simbólica con ellos antes de entrar en casa, lo que nos ayudará a no comportarnos con agresividad, gritar o perder los papeles.

Consiste en tener un objeto, ya sea una caja, un panel o un árbol, en el que depositar nuestros estresores en el mismo momento en que entramos en casa. Debemos habilitar en el recibidor un lugar para poner una pequeña mesa o un taburete y este objeto. También dejaremos un bloc de notas y un bolígrafo junto a la caja, al árbol o lo que sea.

Al entrar en casa realizaremos el siguiente ritual: escribimos en una nota nuestros estresores, como en este ejemplo:

Mamá:

He tenido una reunión muy tensa, todo se ha descontrolado. El cliente no ha salido satisfecho y me ha quedado muy mal sabor de boca.

Julio (hijo):

He discutido con mi amigo Raúl. Siempre quiere que me ponga de portero, pero yo también quiero jugar el partido y no estar siempre ahí detrás parado.

Si el objeto elegido es una pizarra o un panel y los problemas quedan a la vista, os propongo las siguientes reglas:

REGLAS

1. Queda prohibido preguntar al que ha colgado un estresor o un fastidio cómo se siente, si quiere consejo o si quiere hablar. Este juego consiste en desprenderse y distanciarse de aquello que nos preocupa para «no llevar encima y dentro de casa» nuestra preocupación. No es una invitación a solucionarlo. Solo es un acto simbólico de tomar distancia.

2. Queda también prohibido juzgar el valor del fastidio del otro. No hagáis comentarios como «pero vaya tontería, Julio, si jugar de portero puede ser muy chulo, no puedes molestarte por ello». A cada uno nos afectan nuestras preocupaciones y somos nosotros quienes decidimos darles el valor que tienen.

3. La persona que ha escrito puede libremente decidir hablar de su preocupación y pedir consejo, pero no al revés.

La idea es que la rutina de desprendernos de nuestros estresores nos lleve a no mezclarlos con el ambiente de casa y que sepamos dejar cada problema en su lugar.

Elegir el panel en lugar de una caja tiene una ventaja. Puede que estando en casa se te ocurran soluciones y quieras escribirlas debajo de lo que has colgado. Así también sirve para fomentar la creatividad. Y si a ti y a tu hijo os apetece, podéis invitar a los demás a aportar soluciones en el panel, lo que no significa que luego haya que discutirlas. Solo se dejan ahí para que la persona responsable de su problema las medite, las tenga en cuenta o pase de ellas.

Panel de "ESTRESORES"

→ Mañana no juego
→ Hablaré con él
→ Diré a otros del equipo
   que quiero ser delantero

El mero hecho de colgar un problema no significa que puedas desentenderte si la solución depende de ti. Cada uno decide qué solución le va a dar y cuándo. Lo que permite es no mezclar la relación entre padres e hijos con problemas externos al hogar.

¿Por qué esta dinámica mejora tu autocontrol? Porque al escribir el fastidio y tomar distancia también estamos relativizando y trabajando nuestra reflexión. Nos damos un tiempo entre el trabajo (o la escuela) y la casa. Es como parar y hacer una pausa entre una actividad y otra. Muchas veces lo que nos hace saltar es no tener un espacio de desconexión.

Juego 2

Control remoto

Todos hemos jugado alguna vez con un coche teledirigido, padres e hijos. Teníamos un control remoto que nos permitía llevar, dependiendo de la destreza de cada uno, el coche por donde queríamos. Si tienes poca destreza, el entrenamiento la mejora. El entrenamiento consiste en dedicarle horas, tiempo, repeticiones.

Lo mismo pasa con nuestra capacidad de autocontrol. Todos podemos desarrollarla con el suficiente entrenamiento. Lo que ocurre es que la mayoría de las veces nos acordamos del entrenamiento cuando volvemos a saltar, como si autocontrolarnos fuera algo que pudiéramos lograr de un día para otro. Siento chafarte la fiesta, pero el autocontrol requiere un entrenamiento largo y paciente. Sí, paciente.

Casi siempre que perdemos los papeles es porque no tardamos ni medio segundo en reaccionar ante lo que nos pincha. Nos comportamos de una manera muy desinhibida con nuestras emociones. Esto siento, esto expreso; sin filtro. Y cuando esto ocurre, terminamos sintiéndonos culpables de nuestras reacciones. Decimos y hacemos lo que no sentimos. Pero no tiene vuelta atrás.

Haz la siguiente reflexión:

Escribe en el siguiente recuadro tu última pérdida de papeles. Sobre todo qué pasó, cuánto tiempo tardaste en reaccionar mal, si conseguiste lo esperado con el grito y qué consecuencias emocionales tuvo para ti y para tu hijo. Y por favor, no te sientas culpable con el recuerdo, el objetivo no es ese. Solo buscamos ser más conscientes de lo que nos ocurre, así facilitaremos el cambio.

- ¿QUÉ ME HIZO SALTAR?
- ¿CUÁNTO TARDÉ EN SALTAR?
- ¿CONSEGUÍ LO QUE QUERÍA?
- ¿QUÉ CONSECUENCIAS EMOCIONALES TUVO PARA MÍ Y PARA MI HIJO?
- SI VUELVE A OCURRIR, ¿QUIERO GESTIONAR ESTE CONFLICTO DE LA MISMA MANERA?

Seguramente, después de la reflexión, de tomar conciencia en frío, no quieres que se repita lo mismo. Por eso vamos a jugar, o vamos a enseñar a nuestros hijos a jugar, a que tenemos un control remoto. Este puede ser físico, cualquier mando que tengas en casa y que ya no sirva, o mental, imaginando un centro de control en el cerebro que, al darle al ON, se activa y nos da un poder especial que nos permite no saltar.

Ahora conozcamos las directrices para el buen uso del control remoto.

1. Explica a tu hijo que a través del mando o del centro de control del cerebro podemos darnos una pausa. Basta con apretar el botón del mando o darle a la palanca imaginaria. Si no tenéis mando, sería genial que hicierais un dibujo juntos localizando el centro de control en el cerebro. Mira mi dibujo:

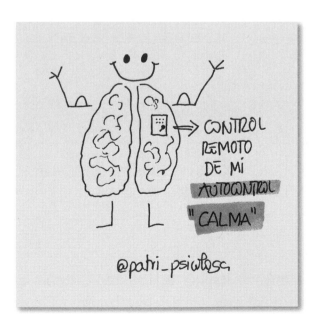

2. Cuando lo actives, ten una palabra que asocies con ese momento. Deja que tu hijo elija su palabra. Estas palabras servirán de anclaje. Un anclaje es algo a lo que asociamos un estado emocional adecuado para solventar el problema de ese momento. Busca una palabra que te genere tranquilidad, serenidad, algo que te devuelva el equilibrio y te saque de la ira y del enfado que te lleva a perder el control.

CALMA

RESPIRA

CONTROL

YO ELIJO

3. A la vez que activas el control y dices la palabra, date permiso para elegir cómo responder a la provocación, al estresor o a la situación en lugar de ser la situación la que te elija a ti. Este momento de «activar la palanca y decir tu anclaje» ya te hace tomar un poco de distancia.

4. Una vez que detengas el momento, que hayas decidido que no vas a saltar como un muelle y por eso has pulsado tu botón o tu palanca, tómate un momento para rellenar la siguiente tabla. Y luego actúa en función de lo que has escrito, no de lo que te pedía el cuerpo unos minutos antes.

– ¿Qué me está irritando?

– ¿Qué emoción siento?

– ¿Qué me gustaría sentir en este momento que me ayude a resolver la situación?

– Si yo fuera en este mismo momento una persona muy serena, ¿cómo podría resolver la situación?

Y ahora actúa. Sabes hacerlo, tienes autocontrol pero no estás entrenado.

Cuando se trate de enseñar el autocontrol a tu hijo, dile que después de activar su mando de control remoto y decir su anclaje puede sentarse contigo a rellenar la tabla. Este ejercicio tiene que hacerse cuando él se encuentre emocionalmente preparado. No intentes que se relaje cuando sus emociones están activadas. Cada uno necesita su tiempo para recuperar la serenidad. Hay personas que son como la gaseosa: tal cual se disparan, vuelven otra vez a controlarse. Y hay otras a las que les dura más la emoción. Respeta su tiempo y pídele que te avise cuando esté preparado para realizar la tarea juntos.

Juego 3

Camiseta serena o peto sereno

¿No te ha pasado que cuando te pones un vestido bonito para una fiesta, te maquillas y te quitas las ojeras, te arreglas el pelo y te calzas unos tacones, te sientes más guapa, más sexi y hasta más segura? Que no te parezca una frivolidad, según cuidamos nuestro físico cambian nuestras emociones. Y ya que estamos, ¿no te parece superdeseable tu pareja cuando la ves recién arreglada, duchada, perfumada, con esos dientes brillantes, preparada para salir? ¡Que está para decirle: «Qué salir ni qué ocho cuartos, aprovechemos el subidón»!

Hay estudios sobre la postura corporal y la apariencia física que demuestran que existe una relación directa entre nuestra seguridad y la manera que tenemos de presentarnos. Jugamos con esto siempre. Y los estudios van más allá. Cuando adoptamos posturas de poder, la testosterona se libera en sangre en dos minutos. Cuando nos presentamos ante un cliente importante en una reunión importante, cuidamos mucho nuestro aspecto. O cuando queremos marcar distancia, nos ponemos algo serio y tacones. Bueno, igual no lo hace todo el mundo, pero sí la mayoría.

Y también nos arreglamos más cuando queremos gustar a alguien. Nos pasamos horas delante del espejo eligiendo qué nos vamos a poner. Porque esa ropa nos hace sentir atractivos, nos sienta bien. Y nuestro comportamiento con otras personas está condicionado por cómo nos sentimos con la ropa que llevamos.

Está claro que nuestra forma de ser, nuestro interior, es mucho más relevante que todo lo que manipulemos por fuera. Pero nuestro aspecto físico es el primer contacto. No es una frivolidad, también lo hacen los pavos reales: despliegan la cola cuando quieren conquistar a la hembra.

Hay una relación directa entre cómo nos vemos y cómo nos comportamos. Así que manos a la obra. Te animo a realizar un taller para transformar tus emociones a través de la ropa que llevas.

1. Elige un día en el que tengáis tiempo toda la familia para dedicarle una tarde a esta manualidad.

2. Busca camisetas viejas, a ser posible blancas, o un vestido blanco o una bata, o compra un peto en los chinos de esos que usan los deportistas para entrenar cuando dividen al equipo en titulares y suplentes.

3. Compra pintura para ropa y pide a cada uno que elija una palabra, un anclaje, como hemos explicado en el ejercicio del control remoto. Tenéis que escribir esa palabra en la ropa vieja o en el peto.

4. Cuando se seque la pintura, os ponéis la prenda y experimentáis cómo os sentís con ella.

5. La regla es la siguiente: cada vez que os sintáis tensos, con la sensación de que estáis a punto de gritar o de perder los papeles, os ponéis esta prenda. Y si eres de los que nada más entrar en casa sueles dar voces, ponte la camiseta en cuanto llegues, como quien se pone ropa cómoda para estar en casa.

6. Explica a tus hijos que esta camiseta simboliza un estado de ánimo tranquilo que permite que os comuniquéis con calma, sin voces, pidiendo las cosas con amabilidad y expresando diferencias con educación y serenidad.

7. No se le puede faltar al respeto a la camiseta. Si por el motivo que sea entras en estado «grito» y decides seguir así, quítate la camiseta. Pero si sientes los colores de tu equipo, tienes que respetarla.

8. Ayudaos y no os lancéis reproches. Puede que se os olvide alguna vez y os deis cuenta de que estáis levantando la voz con la camiseta puesta. Es el momento de que alguno, con amabilidad y buenas maneras, recuerde lo que significa tener el honor de vestir y sentir esa camiseta: «Mamá, que llevas la camiseta. Por favor, significa mucho para nosotros». No se te ocurra contestar: «Ni camiseta ni nada, que te metas en la ducha, YA», porque entonces este juego no servirá para nada.

9. La camiseta también es ideal para anticiparte a una situación que prevés que puede ser tensa. Cuando sepas que vas a tratar un tema delicado con tus hijos, pídeles que se la pongan y póntela tú también, de tal manera que os obligue a comportaros, comunicaros y entenderos desde la serenidad.

10. Si en algún momento no tienes la camiseta física, siempre podemos entrenar nuestra mente. Al cerebro le encanta fantasear, y no distingue entre fantasía y realidad. Así que, a través de la imaginación guiada, nuestra mente cree que llevamos la camiseta y se comporta tal y como la hemos entrenado. No pierdas un momento de paz por falta de imaginación.

Juego 4

Bola de nieve para meditar

Dice el dalái lama que si enseñáramos a meditar a los niños a partir de los 8 años, erradicaríamos la violencia del mundo en una sola generación. Después de esta afirmación, ¡qué duda cabe de que meditar es una práctica tan esencial en nuestra vida como lo es comer, dormir o ducharnos!

Los niños que aprenden a meditar, al mismo tiempo aprenden a regular sus emociones. La pérdida de control y las conductas violentas y agresivas son el resultado de no saber gestionar nuestras emociones. La ira, la frustración o el miedo pueden colocarnos en un estado de alteración tal, que si no nos enseñan a gestionarlo de forma sana terminamos explotando, insultando, pegando o dando portazos. Lo hace tu hijo y también lo haces tú.

Mi querida socia y amiga Yolanda Cuevas (en redes podéis encontrarla como @YolandaCuAy) es instructora de los programas de mindfulness MBSR, además de terapeuta de disciplina positiva, y está acreditada en el método Eline Snel «Tranquilos y atentos como una rana, para niños y adolescentes». Cuando empezó con sus talleres de mindfulness preparó uno específico para niños, y mis cuatro hijos asistieron. Después de esas semanas de entrenamiento, me encontré a mi hijo Pablo en la terraza de su habitación sentado en la postura de meditación, y le pregunté: «¿Qué haces, Pablo?». Tendría 11 años, y me contestó: «Mamá, tengo un cabreo enorme y estoy meditando». Así que os aseguro que funcionan.

Carmen tiene ahora 18 años, pero desde los 13 sufre ataques de migrañas. Llegó un momento en el que su neuróloga le dijo que tenía que tomar un tratamiento preventivo pero que uno de los efectos secundarios era que podía coger peso. Ella se negó en redondo, y le dije que solo le quedaba la opción de probar con la meditación. Y eso hizo. Cogió el hábito de meditar cada día. Las migrañas no han desaparecido del todo, pero sí su frecuencia y su intensidad. De tal manera que ahora las controla con algún antiinflamatorio. En casa la meditación ha dado sus frutos.

Meditar no nos soluciona la vida, pero nos facilita muchísimo la serenidad, nos calma, nos permite ver nuestros estresores desde otra perspectiva, y para los niños es un entrenamiento que les ayuda a gestionar adecuadamente sus emociones.

BENEFICIOS DE MEDITAR PARA LOS NIÑOS

1. Les calma.

2. Mejora la concentración, que de cara a los estudios es importantísimo.

3. Duermen mejor.

4. Les permite decidir cómo responder cuando están alterados en lugar de ser esclavos de la ira.

5. Mejora la capacidad de reflexión y autocontrol.

6. Mejora el sistema inmunológico.

7. Mejora las relaciones con los amigos. Se vuelven más empáticos y sociables.

8. Aprenden a distanciarse de sus miedos.

9. Reduce la conducta violenta.

10. Reduce la ansiedad y el estrés.

11. Aprenden a gestionar mejor sus frustraciones.

12. Se sienten más seguros al saber que tienen una herramienta que les permite gestionar sus emociones de forma apropiada.

Veamos a continuación tres prácticas de atención plena que permiten a niños y padres serenarse, al margen de las que ya conozcáis. Si queréis, podéis comprar el libro *Tranquilos y atentos como una rana*, de Eline Snel. Viene con un CD de meditaciones para niños y el libro es una delicia.

También existen distintas aplicaciones para móvil que ofrecen técnicas de meditación, tanto para adultos como para niños.

Bola de nieve

Mirar el fuego en una chimenea nos da paz, nos atrapa y nos parece fascinante. Y es muy relajante pasar un rato contemplándolo sin pensar en nada. Lo mismo ocurre con el juego de la bola de nieve. Nos lleva a centrar la atención en una sola cosa, a conectar con nosotros y a distanciarnos de lo que nos está estresando.

El juego consiste en construir una bola de cristal como las que venden en todas las tiendas de souvenirs, esas que les das la vuelta y la nieve va bajando lentamente hasta asentarse otra vez en la base.

Es una manualidad muy sencilla, pero describirla aquí puede ser algo complicado. Si os queda alguna duda podéis ver cómo se hace en muchos vídeos de YouTube.

¿Qué necesitáis?

Bola de Cristal

→ 1 tarrito de
   cristal
→ agua
→ purpurina de algún
   color
→ 1 muñeco miniatura
→ pegamento resistente al agua
→ glicerina

@patri_psicolosa

¿Cómo la construimos?

REALIZACIÓN

1. Pega el muñequito miniatura a la tapa, pero en el interior, de tal manera que al cerrar el bote, el muñeco quede dentro. Dependiendo del tamaño del bote, puede ser una miniatura o un Palymobil. Juega con tu imaginación, puedes pegar varios muñequitos, una piedra, un dinosaurio, lo que tu hijo decida.

2. Mientras se seca, echa una cucharadita de purpurina en el tarro de cristal. Deja que tu hijo sea creativo y que elija el color o los colores que quiera.

3. La glicerina es opcional, por si deseas que el agua tenga otra textura y la purpurina baje un poquito más lenta.

4. Llena el bote de agua hasta el límite, de tal manera que al cerrarlo y darle la vuelta no quede espacio sin agua en la parte de arriba.

5. Sella con pegamento todo el borde interior de la tapa, para que al cerrar el bote, quede completamente pegada.

6. Cierra el bote, y cuando se haya secado el pegamento, ya podéis meditar con él.

Y ahora, ¿cómo la utilizamos y cuándo?

Tu hijo tiene que saber para qué sirve la bola de nieve, y puedes contárselo de varias formas. Por ejemplo, dile que es una bola mágica y que tiene el poder de que cuando la miramos con detenimiento, cuando observamos cómo baja la nieve hasta posarse en la base del tarro, nos permite respirar de forma tranquila y relajada.

También puedes explicarle que al centrar la atención en la nieve, dejamos de centrarnos en aquello que nos está molestando, y que puede darle la vuelta todas las veces que quiera, hasta que consiga bajar su nivel de activación.

Otra explicación es que todos tenemos un termómetro interior que mide nuestro nivel de enfado, o un semáforo que se pone en rojo cuando estamos muy alterados, y en ese momento solemos enfadarnos de una manera violenta. Pide a tu hijo que cuando se encuentre con el termómetro disparado (a partir del 6 en una escala del 1 al 10) o cuando vea que está en rojo, acuda a su bola, la contemple y respire, y que sienta cómo poco a poco el semáforo pasa a amarillo o el termómetro desciende a valores inferiores a medida que cae la purpurina.

En las primeras prácticas, por favor, recuérdaselo tú. Lo normal es que él se olvide. Y no lo hace porque no tenga interés, así que no le eches en cara que has dedicado una tarde a fabricar la bola de nieve con él para que luego no la use. A todos se nos olvidan los buenos propósitos, ¿no te suena esto del mes de enero? Pues a él le ocurre lo mismo. Recuérdaselo y practica con él hasta que vaya cogiendo el hábito.

Podéis pactar no tener conversaciones o discusiones si alguno de los dos está por encima de 6 en el termómetro o con el semáforo en rojo, pero que hablaréis después de practicar la meditación con la bola de nieve.

Juego 5

Espacio de desconexión, espacio seguro

Se trata de crear un espacio en casa que contenga elementos que nos ayuden a mantener la serenidad, como una caja con tarjetas con frases relajantes, música tranquila, mandalas para colorear, un muñeco antiestrés al que apretar, un puzle, una caja con bolitas para hacer pulseras y collares. No se trata de un rincón para pensar al que alguien te envía. Es un espacio al que tú elijes ir para poner en orden lo que sientes. Así que debe ser un acto voluntario, no una sugerencia por parte de los padres.

Todos, cuando estamos nerviosos, queremos salir corriendo, deseamos estar en otra parte. Más que huir, lo que buscamos es un lugar que no nos estrese, que nos dé paz. Nos sentimos tan agobiados en ese momento que deseamos estar en otro lado. Tener en casa un espacio tranquilo, con elementos y juegos tranquilos, proporciona una vía de escape.

Ya sé que no todos los hogares disponen de espacio para dedicar un rincón en exclusiva a esta actividad. Pero sí es posible tener una caja con todos esos juegos dentro, mandalas, bola antiestrés, música, frases, y cuando uno decida relajarse, puede coger la caja y sentarse en algún lugar con intimidad para reducir su nivel de activación.

Como ves, en cada uno de estos juegos no se trata de controlar la ira o el impulso por la fuerza, sino de buscar estrategias de afrontamiento que nos permitan responsabilizarnos de lo que sentimos y darle la vuelta, es decir, no dejar que la emoción nos domine.

Al igual que en los anteriores, es importante que respetes el tiempo de tu hijo, porque no todos reaccionamos de la misma manera. Ni se va a ir a su espacio seguro cuando a ti te apetezca ni va a estar el tiempo que tú creas oportuno. En este tipo de juegos, no puedes dar órdenes ni convertirlo en una exigencia, porque entonces tu hijo no querrá jugar más. Y perderemos una baza para aprender a gestionar el genio.

Juego 6

Hogar zen

Me llama mucho la atención cuando veo en las series americanas que tanto ellas como ellos, al llegar a casa, abren la nevera, sacan una botella de vino, se sirven una copa, ponen música y empiezan a relajarse. Sonríen, se sientan tranquilos y entran en contacto consigo mismos. Sobre todo si viven solos. La escena es genial, salvo por la copa de vino. Porque si salimos de Guatemala (estar tensos) y nos metemos en *Guatepeor* (volvernos alcohólicos para reducir la tensión) estamos aviados. Pero, salvo por la copa de vino, esta es la idea. Transformar nuestro hogar para que el entorno invite a que nos comportemos con serenidad.

También nos ocurre cuando pasamos las vacaciones o un fin de semana en un hotel con encanto. O cuando vamos a comer a un restaurante bonito, con maderas, luminoso, en tonos claros, con detalles y mucho gusto en la decoración. En esos ambientes nos sentimos a gusto, invitan a hablar despacio, bajito, con tranquilidad. Si tienen un toque sofisticado, incluso solemos ser más educados. El entorno, al igual que nuestra forma de vestir, puede invitarnos a tener paz.

En las terapias de pareja y en las relaciones complicadas de padres con adolescentes, siempre sugiero que hablen de los temas que puedan provocar tensión en un restaurante de este tipo. Es un lugar en el que sabes que no está bien elevar la voz, en el que no puedes amenazar con el dedo, ni mostrar conductas maleducadas y agresivas, salvo que seas un completo desinhibido, en cuyo caso da igual dónde intentes hablar porque no harás nada para controlarte. Cuando hay un control de estímulos, es decir, cuando el lugar en el que estamos nos mantiene controlados, nos esforzamos por buscar el diálogo, por hablar más bajo, por no perder los papeles, porque sabemos que estaría completamente fuera de lugar.

No pienses que el cambio de decoración te va a suponer un dineral. Si observas con atención estos restaurantes u hoteles, lo único que tienen son colores claros, tonos tierra, materiales nobles como la madera, la pizarra o la piedra. Y esto nos conecta con la naturaleza. No tendrás que gastarte mucho dinero para poner unas cuantas velas, un poco de luz indirecta, un aroma agradable.

Te pongo un ejemplo de lo que puede crear un ambiente relajado y transmitirnos armonía, y te propongo que hagas tu propia lista.

¿Qué me da paz en casa?

- Encender velas.

- Poner música relajante.

- Cambiar el color de las paredes.

- Cambiar algo de la decoración, como poner algún elemento zen, que están ahora tan de moda.

- Usar ropa de estar por casa cómoda, en tonos claros, relajante.

- Tener un ritual como prepararte un té o una infusión.

- Tener algún difusor de olor que te haga sentir bien.

- Tirar objetos decorativos que nos estresan o que no nos gustan y que están por la costumbre de estar.

¿Qué me da paz en casa?

Yo he acostumbrado a mis hijos a tener un momento de desconexión del cole y de conexión con el hogar cuando llegan a casa. Nos hacemos un té. Durante este ritual hablamos unos minutos, elegimos el tipo de té, si negro, verde o blanco, cogemos tazas bonitas y, una vez lo hemos tomado, cada uno vuelve a su habitáculo. Ellos a estudiar y yo a la consulta. Para aquellos que me pregunten: «¿Cómo les das té a los menores de edad, si es estimulante?». No sé, creo que es mucho menos nocivo que los chocolates cargados de azúcar. Y la serenidad que nos produce el momento es superior al efecto que pueda tener la teína. Hasta ahora todos han dormido bien a pesar de la taza de té, y además lo toman con leche.

Las veces en las que estoy fuera dando una conferencia o grabando y les llamo cuando llegan del colegio, suelo preguntarles: «¿Qué hacéis?». «Nos estamos preparando un té, mamá.» Así que siguen con la costumbre aunque yo no esté. Sobre todo Pablo, que adora su taza de té. Él dice que simboliza la paz de estar en casa.

Cuando me siento a escribir, también me gusta crear este ambiente de paz. Lo primero que hago es poner mi lista de Spotify @patri_psicologa music. No me preguntes qué género es porque no tiene un estilo definido: covers, jazz, chill-out. Puedes escuchar la lista y ver si a ti también te hace sentir bien. De todos modos, es una cuestión muy particular, porque la música que a uno le relaja, a otros les estresa. Así que lo ideal es que encuentres la tuya.

Ahora decide qué vas a cambiar en tu hogar. Es fácil llegar a casa, encender unas velas, poner música, hacer una pausa, meditar unos minutos y prepararte para pasar un buen momento. Y esto que te acabo de contar no te llevará más de quince minutos y te hará ganar mucha paz. Hay personas que se duchan con geles que huelen genial, se ponen ropa cómoda y se recogen el pelo en una coleta. Lo importante es que encuentres tu ritual sereno.

Este punto lo podríamos interpretar como una ampliación del anterior, el del espacio seguro. Pero en lugar de tener un rincón o una caja con juegos, tendríamos toda la casa.

Juego 7

La persona que quiero ser es el Dr. Jekyll

Cuando estamos en modo activado, agitado, frustrado, irascible, se nos olvidan las consecuencias de nuestras palabras, gestos y actos. Pero según pasan los minutos, nos entra ese sentimiento horrible de culpa y remordimiento por haber herido al otro. En ese momento suelen ser los hijos los que piden perdón y se lamentan. Los padres lo hacen menos. Y en parte tiene su justificación: el hijo busca sobrevivir. En su cerebro aparece el miedo: «No puedo herir a mis padres, son mi fuente de seguridad, ¿qué hago yo si los pongo en mi contra?». Muchos niños viven con este miedo porque han oído frases horribles, del tipo: «Un día de estos cojo la puerta y ahí os quedáis, a ver cómo os las arregláis sin mí». Para una madre esta frase no tiene nada de cierta, solo es fruto de su enfado. Pero para un hijo, sobre todo para los que no han llegado a la adolescencia y todavía no son capaces de entender que durante un arrebato se dicen muchas tonterías, esta frase es horrible. Supone perder el amor y la seguridad de los padres por el hecho de portarse mal. Es muy cruel. Los padres no decís la frase con la intención de ser crueles. La decís a causa de la pérdida de control. Pero para los niños tiene un significado casi literal.

Antes de volver a verbalizar nada en este estado de rabia, vamos a parar y tomar consciencia de la persona que queremos ser. Esa persona tenemos que diseñarla durante un momento tranquilo. Así que te animo a comprar papel continuo y dibujar los personajes de *El extraño caso del Dr. Jekyll y Mr. Hyde*. Por si no has leído la novela de Robert Louis Stevenson, trata de un médico, el Dr. Jekyll, que crea una pócima que le transforma en una persona maléfica, sacando lo más inhumano de él, a través del personaje de Mr. Hyde, un asesino despiadado. En psicología, a esta transformación en la que una persona puede comportarse de maneras tan opuestas se la denomina «trastorno disociativo de la identidad». Es un trastorno mental que lo sufren quienes tienen dos o más personalidades. Antiguamente se denominaba «desorden de personalidad múltiple». Es típico verlo en películas de terror, como en la reciente *Múltiple*. Pero no es nada frecuente verlo en la realidad. Tiene una incidencia muy bajita.

Muchos padres manifiestan que cuando sus hijos se enfadan parecen auténticas fieras, que se transforman. Puede ser fruto de tener modelos de conducta paternos, de entrenadores o maestros que alguna vez han mostrado esa faceta más fiera. En otras ocasiones, es el propio niño el que, por su temperamento o por ausencia de recursos, no sabe expresar su enfado de forma asertiva y trata de llamar la atención por todos los medios. Una madre me contó que su hijo parecía «la niña del exorcista» cuando se cogía una pataleta, y no hablábamos de un niño de 4 años sino de uno de 9. Cuando no enseñamos a los niños a manejar su comportamiento, cuando no les mostramos alternativas que les ayuden a dar salida a su emoción y solo reprimimos su manera de expresar la ira, lo que hacen es repetir el mismo modelo nefasto, agresivo y equivocado que desquicia a los padres.

Así que vamos a dibujar a nuestro Dr. Jekyll y a nuestro Mr. Hyde en el rollo de papel continuo. Igual debemos buscar otra nomenclatura para los niños. Podemos pedirles que los definan ellos mismos. Una preadolescente de 12 años me dijo que cuando se comportaba de forma descontrolada sentía que era un volcán. Que en clase, cuando hicieron una simulación de un volcán y la profesora les explicó cómo arrojaba lava y piedras sin control, ella se sentía así cuando se enfadaba. Así que su Mr. Hyde era un volcán. Mira el dibujo. Alrededor del volcán fuimos anotando todo lo que ella sentía, asociaba y rechazaba cuando tomaba consciencia de que se había pasado de la raya.

Mr. Hyde
es un VOLCÁN

Y ahora definamos y dibujemos al Dr. Jekyll, la persona que nos gustaría ser y en la que tenemos que pensar cuando estamos enfadados. Aprovechando que esta niña había elegido un elemento de la naturaleza, le expliqué que podía escoger algo similar porque la ayudaría a relacionarlo mejor. Entre las dos decidimos que sería un diente de león. Esta planta tiene una flor blanca en forma de bola que cuando soplas sobre ella no se revela con agresividad, sino que deja escapar con dulzura y ligereza sus hojas. A los niños les encanta. A mi paciente le pareció además que «diente de león» significaba sacar los dientes con firmeza pero sin violencia. Y además, al meter el nombre en internet, leyó que la planta era depurativa, así que encajaba perfectamente con lo que ella buscaba, «algo que la limpiara por dentro de todo aquello que sentía sucio».

Decidimos colgar los dos papeles continuos en su habitación, el volcán al lado del diente de león. En un principio yo tuve dudas. Pensé que si colgábamos el volcán, le haría más consciente de aquello que no deseábamos. Pero más tarde pensamos que tener presente aquello que queremos evitar, ese remordimiento y esa culpa, le daba más autocontrol: «No quiero ser esa versión de mí».

Cada niño o adulto puede elegir el modelo que desee, aquel con el que se sienta más identificado. Por ejemplo, dejar de ser un potente coche sin control para convertirse en una bicicleta que se deja empujar por la suave brisa, o escoger entre distintos superhéroes.

Juego 8

Ir a cámara lenta

La mayoría de las veces, nuestra pérdida de control viene definida por nuestros hábitos, por nuestra rutina. Nos sale sin pensar. Actuamos rápido, de inmediato, por impulso. Así que una forma de modificar nuestro estado de ánimo es bajar de revoluciones. Parar es complicado, pero bajar las revoluciones es más sencillo. Si notas que te estás enfadando, desacelera, como cuando pisas el freno y bajas la velocidad al pasar por delante de un radar. Tú eres tu radar.

Ir a cámara lenta significa hablar más despacio, caminar más despacio, gesticular más despacio. Cuando perdemos velocidad, también perdemos agresividad y tensión. Tu cerebro no entiende que te muevas despacio si te encuentras en peligro, que es el estado que él asocia cuando estás en modo explosivo y sin control.

Realiza este juego cuando tu hijo y tú no estéis enfadados, como si fuera un ensayo para una obra de teatro. Hay gente que dice que le da mucha rabia que le digan: «Tranquilo, háblame despacio». Y lo cierto es que esto solemos decirlo justo en el momento de más tensión. Lo ideal es ensayar sin estar alterado y luego ir haciendo pruebas con enfados pequeños. Incluso se pueden hacer simulaciones.

«CARLOS, PIENSA EN
CUANDO LLEGAS DEL COLE Y TE DIGO
QUE DEJES LA PLAY Y TE PONGAS A ESTUDIAR,
SUELES REACCIONAR DANDO VOCES, INCLUSO ALGUNA
VEZ ME HAS DICHO QUE SOY MALA MADRE. PROBEMOS
A ENSAYAR LA ESCENA, VENGA. TÚ LLEGAS DEL COLE,
MIENTRAS MERIENDAS ME DICES QUE VAS A
COGER LA PLAY Y YO TE DIGO QUE PRIMERO
HAGAS LOS DEBERES, ¿QUÉ TENDRÍAS
QUE HACER AHORA?»

«PUES DECIRTE QUE QUIERO JUGAR,
PERO MUY LENTO, Y SEGUIR MERENDANDO
DESPACIO, COMO SI ESTUVIERA PASMADO.»

Carlos, al hacer la simulación de cómo tendría que comportarse, parece decir que se siente débil, como si no tuviera fuerzas. A lo que se refiere es a que le falta esa garra para defender de forma agresiva su postura de querer jugar. La idea no es que se sienta débil, aunque él perciba esa emoción, sino que no haga aspavientos, no suba la voz y, al final, termine perdiendo los papeles. Él sabe que jugar antes de hacer los deberes es innegociable, pero muchas tardes insiste, pone a prueba a su madre por si un día ella cede. Y en ocasiones ha cedido. Por eso en este caso también hay que recordar a los padres que los innegociables son precisamente eso, innegociables. Así será más fácil que Carlos deje de intentar algo que sabe que no va a conseguir.

En este capítulo te he presentado ocho juegos para manejar nuestro temperamento. No trates de llevarlos a cabo todos a la vez: entrar en casa, escribir lo que te estresa y colgarlo en el panel, encender las velas, ponerte la camiseta de mamá serena, poner música, meditar, darle la vuelta a la bola de cristal, caminar despacio, simular que eres un diente de león… porque terminará generándote más ansiedad que otra cosa. Hazlos uno a uno. Empieza por el que os motive más a los dos, a tu hijo y a ti, el que os resulte más fácil, más divertido. No hay ninguno mejor ni peor. Lo único que importa es que para vosotros sea cómodo y os lo paséis bien a la vez que aprendéis a jugar y mejoráis vuestro autocontrol.

2

HOY JUGAMOS A OBEDECER

Dinámicas para obedecer de forma divertida

Obedecer a la primera está sobrevalorado. Podemos empezar este capítulo por replantearnos algunas creencias que no nos permiten educar desde la empatía y la paciencia. Deseas que tu hijo obedezca a la primera, ¿pero lo haces tú? Reflexiona un momento. ¿Cuántas veces al día hacemos cosas que sabemos que están mal? ¿Cuántas cosas postergamos? Si tomáramos nota durante una semana, nos daríamos cuenta de que nuestros hijos son mucho más obedientes que nosotros. Tú bebes alcohol, puede que fumes, que lleves una vida sedentaria, que no respetes las horas de sueño; que de vez en cuando, a causa del estrés, contestes mal a tu madre cuando llama para preguntarte cómo estás; que utilices el móvil al volante, que no respetes los límites de velocidad; que a sabiendas de que la comida basura es basura, la comas; que hayas abusado de sustancias, drogas; que tontees por el móvil saltándote el código de la pareja, etc.

Este capítulo no persigue que lleves una vida intachable, sino que seas comprensivo con quien tampoco es perfecto: tus hijos. Ni lo son ni lo serán. Así que intentemos olvidarnos de modelos de educación obsoletos así como de creencias absurdas que hoy en día no se sostienen.

Olvidemos conceptos como:

1. Cuando seas padre comerás huevos.

2. Haz lo que yo diga, pero no lo que yo haga.

3. A mí no me cuestiones, que soy tu madre.

4. En esta casa mando yo, y si no te gusta, tira millas. O en su versión más cruel: «Y si no te gusta, ahí tienes la puerta».

5. Tienes que obedecer a la primera.

6. ¿Por qué? Porque lo digo yo... y punto.

7. A mí mi padre me miraba y me quedaba quieto como una estatua. No se me ocurría ni pestañear.

8. Estás jugando con fuego.

9. Ni rechistes.

10. No sabes hacer nada de lo que te pido.

11. ¿Cuántas veces tengo que repetir las cosas?

12. Quién me mandaría a mí...

Estas expresiones, frases o creencias nos las inculcaron de pequeños porque a nuestros padres y abuelos les funcionaron, pero eso no justifica que las sigamos utilizando ni que creamos en ellas como supuestos educativos válidos. Con esto no quiero decir que nuestros hijos puedan hacer lo que les dé la gana, sino dejar claro cómo funcionamos las personas. Nos gusta ser rebeldes, contradecir, curiosear, reflexionar, replantearnos todo. No somos corderos que seguimos fielmente y sin criterio a nuestro guía. ¡Menos mal!

La educación de nuestros hijos debe estar orientada a que se conviertan en personas de bien, responsables, con autonomía, con valores, pero no para que sean personas exigentes, sumisas, que no se cuestionen lo que les pedimos y obedezcan por obedecer.

En lugar de estos conceptos obsoletos, decantémonos por:

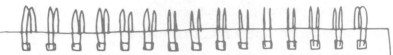

1. *Respeta sus tiempos y sus errores.*

2. *Sé compasivo.* No significa ser condescendiente con lo que está mal. Solo se trata de corregir sin que tu hijo se sienta humillado, sin que sufra, sin culpa ni reproches.

3. *Acuérdate de ser empático,* de conocer cómo se siente tu hijo, de saber si tiene un mal día. No nos sentimos igual todos los días. Los niños no son robots.

4. *Olvida el castigo.* Es efectivo en el corto plazo, pero a largo plazo es un desastre. Como la dieta de la alcachofa. Pierdes peso en tres días que recuperas en nada con efecto rebote.

5. *Se trata de poner límites desde el afecto, el respeto y la amabilidad.*

6. *Motívale,* despierta su curiosidad por aprender y cambiar su comportamiento. Es más divertido obedecer cuando la tarea te motiva. Ayúdale a conectar con la satisfacción de sus logros, porque acabará haciéndolo por él mismo y no por ti o por los premios.

7. *Recuerda que tu hijo merece respeto* y ser tratado con dignidad. Así podrá pedir de mayor que lo respeten. Como me apunta Yolanda Cuevas: «Si quieres que tu hijo sea respetuoso, primero tiene que ser respetado por aquellos que dicen que darían la vida por él. Se trata de respeto mutuo».

¿Cuáles son los comportamientos que más irritan a los padres?

Por lo general, que los hermanos se peleen, que no se laven los dientes cuando les toca, que no se sienten a comer cuando se les llama, el difícil momento de irse a la ducha, que nunca recojan los juguetes, lo que les cuesta apagar el móvil, que no se sienten a estudiar y se concentren, que contesten mal, que no sean cuidadosos con sus cosas, que no hablen en casa pero sí con los amigos, que tengan el cuarto desordenado, que pierdan el tiempo y se queden empanados viendo la tele, que jueguen mucho con el móvil, la tablet, el ordenador y la PlayStation, que no sepan esperar, que lo quieran todo y ya... ¿No te parecen muchas cosas irritantes?

¿Qué comportamientos le molestan a tu hijo de ti?

Si le pides que elabore su lista, seguro que es mucho más corta que la tuya con lo que te molesta de él.

Cambiar todos los comportamientos a la vez es tarea imposible. Nadie es capaz. Así que te animo a que empieces por hacer tu pequeña lista, sí, pequeña. Porque como te dé por escribir todo lo que no te gusta, te vas a sentir mal y vas a ver a tu hijo como alguien rebelde, caprichoso, vago, mal estudiante, contestón, egoísta y un largo etcétera de etiquetas. Elije solo cinco comportamientos y anótalos de forma objetiva y concreta.

Aquí tienes un ejemplo y al lado puedes escribir tu lista:

Cambios que deseo ver en mi hija:

- Que se duche cuando se lo pido. A las ocho y media, porque cenamos a las nueve.

- Que apague el móvil cuando se meta en la cama. A las diez quiero que esté apagado.

- Que recoja su ropa sucia, la deja tirada en el suelo del baño. Hay un cubo de ropa en el cuarto de la plancha. Tiene que meter su ropa en el cubo.

- Que coma más deprisa. Siempre es la última y la cena se hace eterna para todos.

- Que no grite cuando su hermana la chincha. Quiero que venga y me lo diga, pero no que grite como una loca.

Cambios que me gustaría ver en mi hijo/a:

Una vez tengas tu lista, decídete por uno de los comportamientos y busca qué juego de los que te propongo a continuación podría ayudarte al cambio.

Recuerda, este no es un libro para aprender técnicas de educación, como el castigo positivo, el castigo negativo, el refuerzo, el tiempo fuera u otras. Aquí se trata de educar a través del juego lo que pueda ser educable por esta vía. Si la conducta de tu hijo es disruptiva y en casa tenéis un ambiente hostil y tenso, por favor, busca algún profesional que pueda ayudarte.

Y ANTES DE EMPEZAR,
RECUERDA ALGO MUY IMPORTANTE:
TU HIJO NECESITA ATENCIÓN.
SI VES QUE ESTÁ LLAMANDO LA ATENCIÓN,
ES QUE NECESITA SENTIRSE PARTE
DEL GRUPO, DE LA FAMILIA.
SE LLAMA «SENTIMIENTO DE
PERTENENCIA».

Puede que tu hijo no siempre encuentre la manera correcta de llamar la atención. Por eso se pelea, grita, coge pataletas, desobedece… porque así tiene poder. El poder que tú le das cuando te enfadas o le castigas.

Es la manera de tenerte cerca. También les ocurre a muchos adultos, como cuando alguien utiliza el chantaje emocional. Así que tratemos de enseñarle a llamar la atención, pero de forma correcta.

Juego 1

¡A concursar!

Como decía Joaquín Prat, «¡A jugaaaaaaaar!».

Un concurso es un juego mucho más chulo que cualquier otro porque compites y puedes superarte en cada etapa. De entrada, vamos a establecer que cuando juguemos a los concursos con los niños no se trata de competir contra el hermano, sino solo contra uno mismo, aunque el hermano participe.

A mí, los concursos me han funcionado muy bien tanto con mis hijos como en la consulta con los niños que he atendido. Son divertidos, alegres, desenfadados, y a ellos les fascina eso de competir.

Para cualquier concurso necesitas hacerte una tabla. Puede ser con una cartulina, una libreta, un folio, una pizarra… deja volar tu creatividad. En esta tabla iremos recogiendo las puntuaciones obtenidas. Las puntuaciones pueden ser tiempos medidos con el cronómetro u otro baremo que permita medir la progresión del niño.

Yo te propongo tres concursos para que los adaptes a tus necesidades, a aquello en lo que quieras que tu hijo cambie su comportamiento. Empieza por proponerles, desde el misterio, es decir, sin darles toda la información, que vais a competir para ganar la «olimpíada de duchas rápidas», para el concurso de «dientes brillantes y blancos» o para ser un marine que se viste al grito de «señor, sí señor». Olvídate de la crítica que pueda suponer utilizar un grito militar, solo es un juego. Lo ven en todas las películas y lo importante no es el «señor, sí señor», sino el tono y la guasa con que lo digáis.

Cuando prepares la cartulina con la tabla intenta que sea atractiva, en colores bonitos, y que ellos pongan su nombre, que le peguen adhesivos, en fin, que les apetezca rellenarla.

Las instrucciones para empezar el concurso pueden ser las siguientes, pero recuerda decirles esto en un tono solemne, como si fuera un concurso superimportante:

«Queridos "duchadores y duchadoras" (en lugar de nadadores, son duchadores), a las ocho y media de esta tarde llega el momento más esperado del año, ¡¡por fin!! El momento más excitante, más increíble, la hora de darlo todo. Llega el momento de que demostréis lo bien que habéis entrenado durante todo el año. Señores, es el gran día. Cuando mamá toque el silbato —ya os avisaré minutos antes para que os dé tiempo a calentar—, tenéis que colocaros en vuestros puestos. Es decir, de pie, delante de la puerta del baño, sin haberos quitado nada de ropa, porque eso sería trampa, trampísima, una trampa horrible. Y sin haber tomado ningún caramelo diez minutos antes, porque eso es *dopping* por tomar energía. En cuanto silbe, pongo el cronómetro, os metéis al baño, os quitáis la ropa, os metéis en la ducha, no vale atajar dejando el pie derecho o la cabeza sin lavar, os enjabonáis, aclaráis, secáis y ponéis el pijama. En ese momento, tocáis vuestro silbato y paro el cronómetro. Y ese tiempo logrado, lo escribís en la cartulina en el día que toca. Vuestra misión, pequeños duchadores y duchadoras, consiste en ir bajando los tiempos cada día. Confío en vosotros. Y ahora, a competir a lo grande.»

En cuanto les des la charla motivacional (recuerda que eres su entrenador o su *coach*), tienes que tocar el silbato. Antes de empezar, la tabla tiene que estar colgada y de fácil acceso.

Mira mi ejemplo:

"La gran OLIMPIADA de la DUCHA"

TIEMPOS	L	M	X	J	V	S	D
PABLO	12'5"	12'1"	10'5"	5'7"	6'1"		
CARMEN	10'5"	11'2"	5'6"	5'1"	7'2"		
			OLÉ	OLÉ Y OLÉ	TÚ PUEDES		

"YOU ARE THE BEST" → DUCHADOR@ "NO TIRES LA TOWEL"

Te aseguro que al día siguiente estarán preguntándote a las siete y media que cuándo vas a tocar el silbato. Ya lo verás.

Es importante que este tipo de concursos se centren en conductas que dependan de uno mismo, que no intervengan los hermanos. No puedes hacer un concurso para ver cuántos minutos están sin discutir, porque uno se cansará, el otro se enfadará y el concurso perderá su motivación.

El ejemplo que has visto es para ir a la ducha, pero se pueden hacer muchos otros concursos:

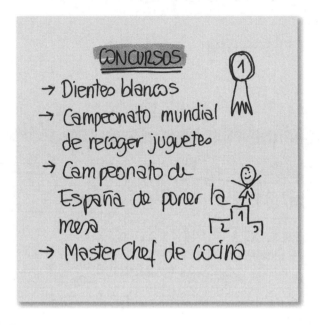

Juego 2

«¡Cántame, me dijiste cántame, cántame por el camino…!»

Irse a dormir al ritmo de los Lunnis

La música es poderosa. Y cantar de camino a la cama puede llegar a ser parte de la rutina de acostarse. Mis hijos no odian a los Lunnis, pero yo casi que sí. La canción decía: «Buenas noches, hasta mañana, los niños y los Lunnis nos vamos a la cama, nos vamos a la cama, nos vamos a la cama, hasta mañana». Todas las noches, el ritual empezaba así: a las nueve nos poníamos en la puerta del salón en fila, Pablo primero, con 2 años, y Carmen detrás, con 6. Y cantábamos la misma canción. No se cansaban nunca. Yo estaba de los Lunnis hasta el moño, pero era mágico. Yo me ponía detrás de Carmen, y a paso de desfile militar y entonando a los Lunnis, íbamos por el pasillo y cada niño entraba en su cuarto y seguía cantando mientras se metía en la cama. Ahora que lo recuerdo, pienso: «¡Pero cómo eran tan inocentones!». Los pobres pensando que estaban de fiesta con la música y lo que hacían era irse a la cama, que no les gustaba nada. Luego pasaba por las dos habitaciones, los llenaba de besos y ahí terminaba la historia. Y todavía me lo recuerdan… «Mamá, ¿te acuerdas de cuando cantábamos la canción de los Lunnis?» Ahora, en la adolescencia, se ríen y dicen que era patético, pero fue mano de santo.

Yo fui poco original con la canción, elegí con mis hijos lo que sonaba en esos momentos en televisión. Pero creo que sería más creativo escoger una canción que les guste, como puede ser *Despacito*, y que escribas una estrofa original que tenga que ver con vosotros.

Se me ocurre:

Des-pa-ci-to,
Carlos se va a dormir ahora
muy despacito,
Deja que te diga cosas al oído,
y es que te estás
quedando muy dormidito.
Des-pa-ci-to,
Deja que te cuente un cuento
muy bonito.
Mira cómo te entra sueño,
mi chiquito...

Prueba a escribir la tuya y deja que tu hijo elija la música. Sí, aunque sea reguetón.

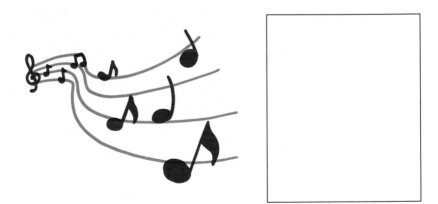

Otras situaciones en las que puedes utilizar la música y cantar para que obedezcan pueden ser:

Recoger los juguetes

¡Con el impacto que tuvo Mary Poppins y qué poco se ha repetido la actividad de recoger los juguetes al ritmo de la música! Los niños tienen la responsabilidad de recoger aquello que utilizan para jugar, pero es mucho más divertido si entre «recojo y recojo» se echan unos bailes.

Aunque en este tema deberíamos ser algo más condescendientes, porque hay niños que necesitan montar un tinglado para jugar con el Lego, los Playmobil, las muñecas y sus casitas, el tren y las vías, y solo el hecho de prepararlo lleva mucho tiempo. Si luego les queda media hora para jugar porque hay que dedicarle otra media hora a recoger, se desaniman. Y dejan de jugar. Si tu hijo tiene claro que va a jugar al día siguiente, permite que deje durante unos días sus juegos por el medio, siempre y cuando no sean zonas comunes ni entorpezcan el paso. Así podrá aprovechar el tiempo que ha invertido en montarlo.

Poner y quitar la mesa

Aquí tenéis la posibilidad de crear una coreografía. Procura integrarte en el ejercicio. Baila y canta con ellos, sé parte del juego. Los niños más pequeños, incluso algunos adolescentes dependiendo de la complicidad que se tenga con ellos, se ríen con sus padres cuando les ven hacer el tonto. Así que relájate y disfruta haciendo el tonto.

Debes suspender el juego si no se recoge, no se duerme o no se pone la mesa mientras dura la canción. Esto no es un concurso de cante y baile. Es una responsabilidad que estamos haciendo más divertida. Aunque se haga de manera desenfadada, tienen que asociarlo y saber que ese momento es para lo que es.

Juego 3

Canjear minutos por una acción social

Esta idea me la ha inspirado una aplicación del móvil que me enseñaron mis hijos y que me parece fantástica. La aplicación se llama *Forest*.

Lo que subyace detrás de *Forest* es vivir el presente y estar centrados en el ahora. La aplicación te dice que programes los minutos que vas a estar desconectado y se supone que durante ese tiempo estarás plantando un árbol que virtualmente morirá si haces uso del móvil antes del tiempo pactado. A medida que vas plantando árboles y consiguiendo que se mantengan vivos creas un bosque. Y con un número de árboles, la aplicación contribuye a plantar un árbol real por ti.

Mi propuesta es personalizar el concepto de la siguiente manera: primero piensa en qué actividad crees que tu hijo pierde el tiempo. Seguramente dirás que abusa de la televisión, series, móvil, tablet, PlayStation. En lugar de prohibir, vamos a conseguir que restar minutos tenga un significado altruista para él, que dejar de hacer esa actividad tenga un sentido.

Elegid entre los dos una acción a la que dedicar los minutos que se descuenten de la tecnología. Dependiendo de la edad, los minutos pueden ser reales y emplearlos ayudando en alguna ONG o asociación, y si aún es pequeño podemos convertir los minutos en euros, meterlos en una botella de plástico para que vea lo que va ahorrando y entregar ese dinero juntos a la asociación. En este caso es importante que tu hijo sepa qué se va a hacer con el dinero: escuelas, ropa, vacunas, alimentos, espacios deportivos, ayuda a refugiados, programas de desintoxicación, etc. Con toda la información que hay en internet, puedes elaborar este plan de forma detallada y muy visual. Esto motivará más a tu hijo. Sabrá que su renuncia puede ayudar a otros.

La idea subyacente es que nuestros hijos aprendan a pasar menos tiempo conectados y esto les libere del estrés que muchos tienen si son adictos o están obsesionados con las redes sociales. Si aceptan canjear sus minutos, seguro que a medio plazo también se sienten mejor. Buscamos que dejen de estar conectados al mundo virtual y desconectados del mundo real.

Que tu hijo sepa el motivo por el que deja su móvil de lado durante un tiempo también le permitirá argumentarlo con sus amigos: «No puedo contestarte en una hora porque estoy ahorrando minutos de teléfono para participar en la construcción de una cancha de baloncesto en el Sáhara». Al final se trata de una ayuda bidireccional: él está ayudando a niños que necesitan dinero para cosas muy básicas, y ellos le están motivando a él para que se aparte del teléfono.

Las instrucciones son las siguientes:

1. Se decide *cuánto tiempo nos vamos a desconectar*: 10 minutos sin mirar el móvil, 2 horas si vas a estar estudiando, media hora durante la comida.

2. Se pone una *alarma por el tiempo pactado*.

3. Se *establece un código de canjeo* de minutos. Por ejemplo: hasta 29 minutos, un euro, de 30 minutos a una hora, dos euros, etc. El canjeo es algo muy personal. También pueden sumarse esos minutos y canjearce por trabajo para la comunidad: ayudar a hacer la compra a la vecina que es mayor, sacar el perro de un vecino si se ha puesto enfermo, lo que decidáis.

4. Se *canjea físicamente el dinero*. Acercaos a la ONG o al centro que hayáis decidido y preguntad cuál es la vía para entregar vuestro «ahorro de minutos». En esta tarea es importante que te acompañe tu hijo y que disfrute de cómo su renuncia va a ayudar a otros.

Juego 4

Catas

Durante las comidas, obligar a nuestros hijos a que coman de todo genera tensión, lloros, estrés y pérdida de papeles por parte de los padres. No es normal que a los niños les guste comer de todo porque el gusto es algo que se educa y necesita su tiempo. Se educa con paciencia, fomentando la curiosidad y en un ambiente en el que no se sientan presionados.

Casi todos los niños rechazan los alimentos que no conocen, sobre todo si visual u olfativamente no son atractivos, y se suele acentuar en la etapa preescolar. Les gusta más el dulce que lo amargo, y hay una explicación evolutiva: el dulce, en la naturaleza, cuando no comprábamos en los supermercados, solía ser signo de alimento seguro, como las frutas; mientras que el amargo podía ser venenoso.

Según explica la coautora del estudio, Sharon M. Donovan, profesora de nutrición en la Universidad de Illinois Urbana-Champaign, entre el 19 y el 50 por ciento de los niños de hasta 2 años son considerados malos comedores por sus cuidadores: «Puede ser necesario ofrecer al niño diez veces un alimento nuevo antes de que lo acepte. Los padres, a menudo, ceden antes».

Nunca he sido partidaria de obligar a los niños a realizar nada, y menos en lo que a la alimentación se refiere. Que se coman la cantidad y el tipo de alimentos que nosotros decidimos es el primer paso para desencadenar un desorden alimentario o problemas de conducta con la comida. Los niños no siempre saben qué tienen que comer, por eso tenemos que ofrecerles menús saludables. Pero sí suelen saber qué cantidad necesitan. Si tu hijo te dice que no puede más, la mayoría de las veces es que no puede más. Y si te lo dice porque no le gusta lo que está comiendo, tienes un amplísimo abanico de alimentos saludables para buscar qué verduras, frutas, pescados o carnes pueden resultarle más apetitosos. Y no hay que alarmarse, el gusto se va educando, y cuando sea adulto seguro que come de casi todo. Pero si le presionas o le obligas, la experiencia emocional «atraganta» el alimento y puede que cuando tenga 50 años siga sin probar aquella verdura tan sana que pretendías que comiera.

Como en todo, también con la comida hay que evitar el chantaje emocional con frases del tipo: «Otros niños muriéndose de hambre y tú tirando la comida». ¡Que ya vale, oye! Que es para contestar: «Otros niños muriéndose de hambre y tú con un móvil de 900 euros».

La idea de acabarse el plato viene de los muchos años de penuria de la posguerra. Al escuchar hablar a mi abuela sobre lo que comían en aquellos tiempos, se comprende la manía de tener las despensas a rebosar o la de comerse hasta la última lenteja, y tiene su porqué emocional y de supervivencia. Pero, por favor, pasemos página en este sentido. No vivimos en la posguerra. Si tu hijo no come hoy porque no tiene hambre, comerá mañana. Comer es una de las conductas más primarias. Nadie se castiga a sí mismo, salvo que tenga un desorden alimentario, a no comer si tiene hambre. Como en otras situaciones, respeta sus tiempos.

¿Y si en lugar de obligar a tu hijo a comer de todo le invitas a que se convierta en catador?

Te propongo ampliar sus gustos gastronómicos de forma divertida. Una vez a la semana, proponle que ejerza de catador. Dale una libreta en la que hayas dibujado una tabla divertida en la que anote el número del alimento (por ejemplo, puedes poner tres frutas nuevas, una en cada bol), el placer del sabor del 0 al 5, a qué le recuerda, cómo se comporta en la boca... Puedes poner en la tabla lo que desees.

Y a continuación... ¡a jugar! Tápale los ojos sin que haya visto previamente lo que has preparado y deja que experimente.

Podemos pedirle que se comprometa a incluir ese nuevo alimento en su menú si la puntuación es mayor de 3.

¿No te parece que este juego es una forma más divertida, serena y creativa de conseguir que amplíe su abanico de sabores? No conseguiremos que le guste todo, pero sí que se le despierte la curiosidad. Sin castigos, sin largas horas en la mesa y sin tensiones.

Por cierto, no intentes engañar a tu hijo metiéndole en la cata algo que ya sabes que no soporta. Así perderías su confianza y te costará más que se implique en futuros juegos.

El juego de las catas puede servir para despertar la curiosidad respecto a otras conductas que tienen que cambiar. A mí se me ocurre:

Cata de aromas de jabón. Al estimular su olfato, tu hijo estará más predispuesto a ducharse. Utiliza una tabla similar que él valorará en función del olor del jabón. Hoy en día tienes muchísimos geles de baño para probar en esta cata.

Cata de agua mineral. Muchos niños, cuando salen a comer los fines de semana con sus padres a restaurantes piden refrescos cargados de azúcar e insanos. Puedes ir anotando en una tabla el nombre del restaurante, la marca del agua y la puntuación que le da tu hijo: más dura, más o menos fría, etc. Ya sé que no tendrá paladar para distinguir, pero te prometo que a él le da igual. Recuerda que está jugando.

Juego 5

El control remoto de Yolanda Cuevas

¿Cuántas veces hemos deseado tener un interruptor con el que poder volver atrás en el tiempo y cambiar una decisión, un comentario o lo que fuese? La vida tiene ese punto de no retorno. Es ese momento en el que ya no hay vuelta atrás. Puedes pedir perdón, pero no siempre tienes oportunidad de reparar el daño.

Yo trabajo mucho la sobrecorrección con los niños y los adolescentes. Es una técnica de educación que consiste en pedir, desde la tranquilidad y la amabilidad, que repita la conducta equivocada, pero esta vez de forma correcta. Por ejemplo, si tu hijo está enfadado y da un portazo tremendo, en lugar de ir detrás y decirle a voz en grito: «¡En esta casa no se dan portazos!», acudimos a él, abrimos la puerta de su cuarto con tranquilidad y le pedimos de forma amable: «Por favor, ¿podrías salir y cerrar la puerta con más delicadeza?». No se persigue castigar ni hacer sentir mal al niño, solo que aprenda una alternativa correcta. Y cuando la cierre con delicadeza, le damos las gracias.

Pensando en la sobrecorrección, a mi socia Yolanda (ya os he hablado de ella en el capítulo sobre autocontrol) se le ocurrió trabajarla con un «control remoto» que permita al niño rectificar, volver atrás en el tiempo y repetir de forma correcta la secuencia de aquello en lo que ha desobedecido o lo que ha hecho mal.

En el momento en que veas que tu hijo desobedece, contesta mal o se ofusca, puedes decirle…

TIENES LA OPORTUNIDAD DE SER
EL PROTAGONISTA DE *REGRESO AL FUTURO*.
TIENES UN CONTROL REMOTO. SI PULSAS EL BOTÓN,
PUEDES GESTIONAR ESTA SITUACIÓN DE MANERA
CORRECTA, LO QUE TE HARÁ SENTIR BIEN CONTIGO
MISMO. ¿QUÉ VAS A HACER?

Para el control remoto, se puede elegir una zona del cuerpo como botón, reciclar un viejo mando, fabricar uno con cartón o que haga el gesto de pulsar un mando imaginario.

Es importante que antes de la sobrecorrección expliques a tu hijo en qué consiste esta técnica y le cuentes la película *Regreso al futuro*. Él es el que regresa a un futuro, desde la oportunidad de corregir su pasado. Así que va hacia atrás para posicionarse en un nuevo punto de partida y elegir cómo hacerlo de nuevo, pero bien o mejor.

Las palabras que utilices con él tienen que ser apropiadas para la edad del niño. Dale la oportunidad de que sea él quien haga la propuesta de mejora. Es decir, no le digas tú lo que tiene que hacer bien, salvo que él no sepa cómo. Si permitimos que los niños analicen la situación, decidan y actúen, el aprendizaje y el sentido de la responsabilidad serán mayores.

Juego 6

Contestar o comer como una princesa... o un príncipe

Este juego está basado en el aprendizaje vicario, el aprendizaje por observación de Bandura. Los niños vienen con esta capacidad de serie. Lo imitan todo, lo bueno y lo malo. Imitan nuestros miedos, nuestra forma de expresarnos, los gustos, los valores, nuestra manera de comportarnos. Pero no solo nos imitan a nosotros, también a sus ídolos deportivos, a los *influencers* con los que se identifican y a los personajes de sus películas.

Así que copiar lo que otros hacen puede ser un facilitador a la hora de educar. Este juego lo he utilizado infinidad de veces en la consulta y me ha dado muy buenos resultados, tanto con niños como con adultos. Tienes un capítulo que se titula «La terapia de Teresa de Calcuta» en mi libro *Cuenta contigo*.

Además de imitar, muchas veces también habrá que disfrazarse. Por ejemplo, es más fácil imitar la delicadeza de una princesa si la niña, en lugar de estar en pijama, va vestida de princesa.

Este juego será más efectivo si el comportamiento que deseas cambiar en tu hijo figura entre las posibles conductas del personaje elegido. Es decir, no puedes cambiar «irse a la ducha a las ocho de la tarde» si no sabes si *Los Increíbles* pueden ducharse.

Así que, una vez que tengas la conducta que se va a imitar, tendrás que elegir el personaje con tu hijo. No lo puedes elegir tú porque te parezca que ese personaje educa en valores más que el que ha elegido él. Sí puedes sugerir, pero no imponer el tuyo. Te pongo un ejemplo de mi consulta.

Tuve una niña de 8 años que no quería comer, se quejaba por todo, había aprendido a llamar la atención con la comida y se pasaba horas delante del plato. Lloraba, gritaba, nunca terminaba y, como decían sus padres, la hora de la comida se le juntaba con la de la merienda. Al margen de las correcciones que pedí a los padres en la línea de lo que os he explicado en el juego de la cata de comida, le pregunté a la niña cuál era su princesa favorita. Ella me contestó que una de Disney, pero ahora no recuerdo el nombre. Y le pregunté: «¿Me podrías decir, por favor, cómo crees que se comporta esta princesa cuando se sienta a comer en su palacio?». Le pedí que la imitara en la consulta y le presté un plato y cubiertos que tenía en la cocina.

Esta niña me dijo que su princesa era delicada. Me encantó lo de «delicada». Y la imitó a la perfección: se acercó a la mesa del despacho, se sentó, cogió los cubiertos con cuidado y comió despacito.

En ese momento la reforcé muchísimo. Le dije que era un pedazo de actriz, que lo hacía genial. Y que si sería capaz de repetir esta escena de película en su casa. A cambio, le dije que yo conocía una tienda en la que vendían cubertería de palacios de princesas y que, si conseguía comportarse de esa manera tan educada, yo tendría un plato de oro para ella el próximo día.

Sus padres estuvieron presentes en la sesión. En ningún momento le dimos vueltas a por qué gritaba cuando comía o por qué lloraba. Dejé a un lado lo que era disruptivo y nos centramos solo en buscar una alternativa más divertida.

Los padres pactaron dejar que ella decidiera la cantidad de comida que se pondría en el plato y que no la forzarían a comer los alimentos que ella odiaba, que tampoco eran tantos: las judías verdes, el pescado naranja (salmón), los guisantes, el brócoli, las alcachofas y los purés de verduras. Y ella se comprometió a comer otras verduras cocidas al vapor, como el calabacín, y también ensaladas y pisto, que dijo que le gustaba muchísimo.

Entre todos hicimos una descripción concreta de cómo comía su princesa. La regla era muy sencilla, solo tenía que meterse en el rol de su princesa cuando estuviese en casa. Le dije que pensara que ella era una actriz y que podía comer con la misma delicadeza que su personaje. Mira el ejemplo de cómo comía su princesa:

A la semana siguiente volvió toda la familia. Lo más gracioso fue el comentario de su padre, en tono de broma: «Estoy hasta las narices de "papá, ¿puedes arrimarme la silla a la mesa?"». Como había visto en las películas que el príncipe arrimaba la silla a su princesa, ella se lo pedía a su padre. Y, además, comía y cenaba con el disfraz puesto. Pero no se habían repetido las conductas de gritos y lloros. Así que se llevó su plato con el filo dorado comprado en Zara Home y todos tan contentos. No los volví a ver más en la consulta.

Aunque no todos los casos se resuelven igual de rápido, bien y a la primera, los juegos por imitación son divertidos y fáciles para los niños. Son muy efectivos también para las malas contestaciones. Recuerda, una reina jamás contesta mal.

Juego 7

Misión… posible. Esto es alto secreto

«Querido elegido, acabas de entrar en un programa especial al que es muy difícil acceder. Durante unos cuantos meses, tendrás que realizar una misión secreta una vez a la semana. Encontrarás varios sobres cerrados con lacre de los que escogerás uno, y solo tú podrás abrirlo. Nadie más. Destruirás el sobre en cuanto leas la misión. Elige tú la forma de hacerlo. Tu trabajo consiste en lo siguiente: llevarás a cabo esa tarea, en sumo secreto, sin contársela a papá, a mamá ni a ningún hermano. Solo tú puedes saberla. Es muy importante. Al cabo de una semana, tendremos que adivinar cuál era esa misión. El viernes, en la cena, habrá una reunión de alto estado, y solo disponemos de una oportunidad para adivinarla. Si acertamos cuál era tu misión, entonces significará que la has realizado a la perfección. Y así podrás elegir (lo que vosotros decidáis) del fin de semana.»

¿Te imaginas de qué va esta dinámica? A estas alturas seguro que ya me has pillado el tranquillo. Junto con tu pareja, preparad una lista de comportamientos que deseáis que el niño cambie, como en la lista que aparece a continuación, y escribid al lado la vuestra.

Comportamientos que queremos cambiar:

- Recoger los juguetes antes de cenar.

- Comer despacio.

- Ducharse a diario.

- Dar las gracias y pedir las cosas por favor.

- Coger la toalla y meterla en la mochila de deporte cuando va al fútbol.

- Preparar la mochila del cole la noche anterior.

- Vestirse por la mañana en diez minutos.

- No balancearse en la silla mientras desayunas, comes o cenas.

- Tirar de la cadena después de usar el váter.

Comportamientos que queremos cambiar:

Buscad una «caja de misiones» para guardar todos los sobres. Una caja de misiones tiene que ser algo sofisticada, que se note que ahí dentro hay documentos muy importantes. Los sobres, a ser posible plateados, de calidad, contienen las misiones que habéis escrito. Una por sobre. Los selláis, si es con lacre, mejor. Lo del lacre a los niños les parece de película total. Y después le explicáis el primer párrafo de este juego.

Una vez que el niño entiende el juego, no se le atosiga entre semana, no se le pregunta todo el rato. Solo tenéis que pedirle que lleve un registro diario de lo que hace. Puede ser por escrito o pueden ser notas de audio en su móvil o tablet. Llevar un registro es una forma de que se le olvide menos; es un sistema de control que le ayudará a prestar más atención y a afianzar la conducta.

La idea es que abra el sobre el sábado por la mañana, que tenga el fin de semana para empezar con tranquilidad, y luego ponerlo en común el viernes por la noche. Alguna vez podéis preguntarle por su misión de forma amable: «¿Qué tal llevas tu misión?». Pero no seáis insistentes, que si no lo agobiáis.

Los niños se prestan a estos juegos incluso con 11 y 12 años, depende un poco de su grado de madurez. Para ambientar el momento de abrir el sobre podéis poner la música de *La guerra de las galaxias* o algo así. Como vosotros decidáis. Despertad vuestra creatividad.

Juego 8

El manual de un niño responsable

Mi hijo Pablo es un genio para muchas cosas, pero también es el despiste con piernas. Cuando le pides que haga algo, al llegar a su cuarto ya se le ha olvidado. No es que no preste atención, no. Es que él presta atención a cosas muchísimo más importantes que lo que le pedimos los adultos. Lo cual tiene todo mi respeto. Pero él tiene que entender que hay que colaborar en casa y no puede quedarse sin hacer la parte que le toca.

A Pablo le gusta mucho el arte y dibuja muy bien. Y también escribe cuentos desde que era pequeño. Así que para ayudarle a ser más responsable y que obedeciera le propuse escribir un libro. Y le encantó la idea. Esto fue cuando tenía 10 años.

Puede que a tus hijos no les guste escribir, pero igual sí les gusta grabar un vídeo, rapear o dibujar. La idea es aprovechar esa afición para que creen un guion, busquen información, analicen y decidan por qué es importante hacer lo que tú les estás pidiendo.

El resultado de Pablo fue el *Manual de un niño responsable*. Se metió tanto en el papel de escritor que incluso me pidió que le buscara una editorial. A escondidas, cogió uno de mis libros publicados y copió el ISBN, la editorial y el año de publicación para que quedara como un libro de verdad. A mí esto me provocó un ataque de risa.

Todo el contenido lo eligió Pablo, desde el índice hasta cada reflexión. Aquí os dejo una muestra de lo que hizo. Le dije, además, que su libro podría ayudar a otros niños a ser más responsables y que obedecieran. Y eso le ilusionó mucho.

ÍNDICE

En este tipo de juegos más educativos es importante reconocerles el esfuerzo, ir leyendo el libro con ellos, decirles que está genial, que qué conclusiones más brillantes van sacando... En definitiva, que les prestéis atención.

REFLEXIÓN: ¿POR QUÉ DECIDO HACERLO?

Hola, soy un niño que ha decidido responsabilizarse, me he dado cuenta de que en la vida hay que ser ordenado y no es hacer cualquier cosa, hay que saber qué puedo hacer y hacerlo.

En la vida hay que saber hacer las cosas bien. Yo te voy a ayudar a que consigas este objetivo.
¿Cómo?

- Viendo qué se puede hacer para mejorar.
- Aprendiendo de mis errores.
- Viendo cómo puedo solucionar las cosas.
- Reflexionando.

Es una buena táctica para hacer las cosas bien hacer una lista de propósitos, así puedes ver el que has conseguido marcando los propósitos que vas consiguiendo.

Se pueden hacer las cosas bien de muchas maneras, y esa es una.

He querido dejarlo tal cual estaba escrito por Pablo, me parece más gracioso. Algunas frases parecen redundantes, pero fue su manera original de expresarse.

¿POR QUÉ?

Ahora vamos a ver por qué hacemos esto y por qué tú vas a intentar mejorar en ello.

Porque así se puede aprender a tener buenos hábitos como:

- Hacer la cama
- Doblarse la ropa
- Hacer los deberes
- Ducharse sin que nadie me lo diga

O comportamientos maduros como:

- No frustrarse
- Esforzarse
- Relacionarme más y mejor
- Ser positivo
- Atender en clase
- Tener buenos modales

Este ejercicio de escribir el *Manual de un niño responsable* es de las cosas más divertidas que he visto de Pablo. Me partía de risa con cada cosa que escribía. Y en cuanto al resultado, la verdad es que fue mejorando mucho su atención. Sigue siendo despistado y no todo lo atento a sus cosas como a mí me gustaría, pero mejoró mucho. Para él era más fácil centrarse en lo que iba decidiendo, reflexionando, aprendiendo, que en las órdenes que yo le daba. Y su atención mejoró simplemente porque le parecía atractivo escribir el libro y sentir que era parte de un proyecto tan chulo como ayudar a otros a ser también más responsables.

3

APRENDAMOS
A SENTIR

Dinámicas para conocer, gestionar,
aceptar y provocar emociones

El loco mundo de las emociones: las sufrimos y las disfrutamos tanto como las desconocemos. Todo lo que acontece en nuestra vida está relacionado con las emociones: ilusión, motivación, rabia, celos, ira, sorpresa, alegría, pena, miedo. Compramos, nos relacionamos, nos ponemos en marcha con una nueva meta, nos esforzamos, tomamos decisiones, nos enamoramos, y en todo esto intervienen las emociones. Somos seres emocionales y pensantes. Así que conocer el mundo de las emociones adultas e infantiles nos permitirá anticiparnos, aprender a gestionarlas y sentirnos más libres. Y con ello, como apunta Yolanda Cuevas, desarrollar esa parcela de la inteligencia emocional, predictor del éxito en la vida, entendiendo «éxito» como una mejor forma de relacionarse con los demás, no rendirse ante la adversidad, aumentar el optimismo y la resiliencia, la empatía y la comprensión hacia uno mismo y hacia los demás.

Muchas personas son esclavas de sus sentimientos y sus emociones. Sienten, ya sea para alegrarse o para sufrir, pero no saben qué hacer con lo que sienten. No saben cómo aceptarlo, no saben si lo que sienten es normal, si es más intenso de lo habitual, si se va a desvanecer pronto o durará mucho tiempo. No saben cómo gestionarlo y no tienen recursos. Y entonces parchean. «Parchear» significa que gritan, comen, compran, beben alcohol, dan puñetazos, tocan el claxon, hacen chantaje emocional, se agarran una pataleta, dejan de hablar, y esto fomenta el desequilibrio y los problemas con uno mismo y con los demás. Parchean buscando otro estado de ánimo que les haga sentir mejor en lugar de atajar el problema o aprender a aceptar lo que sienten.

Adultos y niños somos unos analfabetos emocionales

Los niños se enrabietan, rompen cosas, te tiran del pelo, se autolesionan, tratan de pegarte para defenderse del dolor que sienten, te escupen, lloran desconsoladamente, incluso vomitan de la rabia. Ellos todavía no pueden beber alcohol, comprar compulsivamente ni salir huyendo despavoridos. Hacen las cosas por impulso, sin control. ¿Está mal? No, solo es inapropiado. No saben cómo resolver la situación de otra manera más adecuada.

Para eso estamos nosotros. Para enseñarles qué son las emociones, cómo reconocerlas, gestionarlas y aceptarlas. Y para que aprendan a interpretar y divertirse con lo que sienten. Por eso, además de educarles para que desarrollen su inteligencia emocional, tendremos que ser modelos de comportamiento.

Es importantísimo que sepan que:

- Estar enfadado no es estar irascible.

- Tienen derecho a decir que no sin sentirse mal por ello.

- Tienen que aprender a poner sus límites y hacerse respetar.

- Pueden expresar lo que sienten sin sentirse juzgados.

- Llorar no es una debilidad.

- Reír a carcajadas no es una ordinariez ni algo inapropiado.

- La tristeza, la ansiedad, el miedo o la frustración son estados normales, de los que no tienen que huir ni avergonzarse.

- Sus emociones son verdaderas. No les confundas diciendo que lo que les pasa es una tontería.

Un concepto muy relacionado con los sentimientos y las emociones es la autoestima. Tu hijo necesita sentirse fuerte, tener una imagen de sí mismo positiva. También tiene que saber reconocer sus puntos de mejora. Un niño con una buena autoestima es un futuro adulto feliz. Confiar en nosotros, querernos y respetarnos viene en parte de que nos sentimos seguros. Seguros de no perder el amor de los que tenemos alrededor si no cedemos ante sus peticiones. Es importantísimo que tu hijo se sienta amado de forma incondicional.

¿De qué depende la autoestima de los niños? Esta es la diapositiva que pongo en mis talleres de «Educar con serenidad». Y entonces es cuando los padres se dan cuenta de que fomentar la autoestima de sus hijos no es algo tan simple como decirles que son guapos e inteligentes.

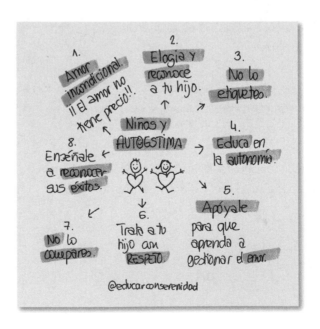

Amor incondicional

El niño necesita sentir que no perderá nunca el amor de sus padres, haga lo que haga, se porte como se porte. Esto le dará seguridad y podrá pensar: «Soy digno de ser querido a pesar de mis errores» o «Soy una persona a la que vale la pena querer a pesar de mis errores».

Evita frases del tipo:

«UN DÍA DE ESTOS COJO LA PUERTA Y AHÍ OS QUEDÁIS, A VER CÓMO OS LAS APAÑÁIS SIN MÍ.»
«SI TE PORTAS ASÍ, MAMÁ/PAPÁ NO TE QUERRÁ.»
«CUÁNTO TE QUIERE LA ABUELITA CUANDO ERES UN NIÑO BUENO Y OBEDIENTE.»

Por el contario, exprésales amor sin venir a cuento:

«TE QUIERO MÁS QUE A NADA EN EL MUNDO.»
«ERES MARAVILLOSO.»
«ME SIENTO ORGULLOSO DE TI.»
«ES GENIAL VIVIR CONTIGO, HACES QUE MI VIDA SEA MUCHO MÁS PLENA.»

Tranquilo, el elogio no debilita. El que dijo esta tontería no sabía cómo elogiar. Y todavía se siguen escuchando tonterías mayores. Por ejemplo, en la consulta ha habido padres que me han comentado que si les dicen a sus hijos lo buenos que son, se relajan y luego no obedecen; que es importante mantener la tensión; que decirle al niño a todas horas que es bueno lo hace débil, o que si lo valoran y le dicen que es genial acabará siendo un soberbio.

Por favor, no confundamos. Una cosa es hacerle creer que es Dios y que en casa solo vale su criterio, y otra reconocer su buena conducta, sus valores, hacerle ver que merece ser respetado, querido, que tiene un valor incalculable solo por ser persona.

Todo lo que refuerzas se repite, porque le estás diciendo qué es importante, qué está haciendo bien. Los niños necesitan sentirse queridos por sus padres y harían lo que fuese para no perder su atención y cariño. Así que cada vez que elogias a tu hijo, estás afianzando su sentimiento de pertenencia, que es vital para sentirse parte del grupo, de la manada, para sobrevivir. Porque somos seres sociales y nos gusta recibir atención, afecto y amor por parte de nuestros seres queridos.

Un buen reconocimiento tiene que estar centrado en los valores: «Es increíble cómo te has esforzado para el examen de matemáticas, debes sentirte superorgulloso de ti mismo», y dirigido a la conducta que puede volver a repetir. Un mal elogio es el que no dice nada: «Un diez en matemáticas, eres un crack». Con este reconocimiento, el niño no sabe qué ha hecho bien ni qué tendrá que repetir la próxima vez para alcanzar el mismo resultado. Ni siquiera sabe cómo tendría que sentirse por su hazaña.

No lo etiquetes

Tendemos a comportarnos según la visión que tenemos de nosotros mismos. Las fuentes que tiene tu hijo para saber cómo es él sois las personas más cercanas: la familia, los amigos y los maestros. Si le dices que es travieso, malo, desordenado, vago, guarro, egoísta, desconsiderado, poco hablador... el niño lo interioriza tal cual. Y se lo cree. Cree que es todo lo que tú le trasladas. Empieza a cuestionarlo cuando llega a la adolescencia. Pero, por desgracia, para entonces ya es tarde. Porque se siente poca cosa, un miserable, feo, gordo, inútil y muchas cosas más. No traslades ni una sola etiqueta negativa a tus hijos.

Fíjate en la diferencia:

«Eres un vago, de verdad, no hay manera de que hagas nada de lo que te pido, todo lo tienes tirado por el medio, y los deberes, si pudieras, ni los harías.»

«Hijo, tienes el cuarto desordenado. Por favor, te pido que lo recojas antes de ponerte a estudiar. Solo serán diez minutos y será más cómodo estudiar con un poco de orden.»

El comentario de la etiqueta superior no tiene nada que ver con el de la etiqueta inferior.

Educa en la autonomía

Permite que tu hijo exprese sus ideas sin juzgarle. Permite que aprenda a caerse y que busque soluciones él solo. No le quites los obstáculos, porque cuando salga a jugar al juego de la vida, cuando tenga que relacionarse, trabajar, viajar, tendrá que hacerlo solo.

Enséñale a saltar los obstáculos, pero no a evitarlos. Deja que él proponga, y si te pide ayuda, ayúdale a pensar y a solucionar problemas, pero no se los soluciones tú. Se aprende experimentando, fracasando, dudando, pero no dejando que otros piensen por ti.

Saber que tiene recursos, que se ha enfrentado a problemas él solo y los ha solucionado, le da confianza y seguridad: «Sí, soy capaz, ya lo he hecho en otras situaciones».

Gestión del error

Equivocarse es humano. Tratemos de darle esa naturalidad. Te dejo esta receta para aprender a gestionar los errores con tu hijo.

Receta para ayudar a los hijos
a gestionar los errores:

1) Entenderlo como parte
del proceso de vivir.
"ES NORMAL".

2) Enséñale a dedramatizarlo.
"NO ES EL FIN DEL MUNDO".

3) Que no se trate mal por ello.
"ES QUE SOY UN INÚTIL"

4) Ayúdale a reparar el error
si se puede y a pedir perdón.
"LO SIENTO MUCHO".

5) Pídele que sea amable y compasivo.
"NO PASA NADA, TRANQUILO"

6) Trabaja su creatividad para
que busque soluciones.

@educarconserenidad

Trata a tu hijo con respeto

Nadie puede quererse a sí mismo si se acostumbra a ser tratado con violencia, con humillaciones, con etiquetas negativas. Un niño terminará pensando que recibe ese trato porque no es digno de ser querido con respeto. Y en el futuro permitirá que otras personas también lo traten así. ¿Qué más da? Si sus padres, figuras de seguridad, le trataron con desprecio, le gritaron o le zarandearon, ¿por qué no iban a hacerlo otros? Para respetar tienes que haber tenido la experiencia de que a ti también te respetan. La teoría no es suficiente, necesitas la experiencia.

No lo compares

Las comparaciones son odiosas. Te llevan a estar todo el día compitiendo contra alguien que es opuesto a ti. Además, generan rivalidad entre hermanos o entre amigos. También motivan los celos y bajan la autoestima. No permitas que los familiares, abuelos, tíos o hermanos comparen a tu hijo con nadie. Y por supuesto tampoco lo hagas tú, ni siquiera para tus adentros.

¿TE SUENA ESTA FRASE?:
«QUÉ DISTINTOS SON LOS DOS HERMANOS. DE VERDAD,
MISMO PADRE Y MISMA MADRE Y NO SE
PARECEN EN NADA».

Incluso sin querer compararlos, lo hacemos. Cuando los niños escuchan estas frases, se sienten inseguros, peores o mejores que otro. No hagas comparaciones, es muy duro tener que estar a la altura de los demás.

Enséñale a reconocer sus éxitos

Que tu hijo reconozca sus éxitos no significa que no sea humilde. Si tu hijo no sabe en qué es bueno, si no sabe cómo y por qué alcanza sus éxitos, tampoco sabrá cómo tiene que repetirlos. Así que fomenta que analice por qué es brillante en lo que lo sea y que lo exprese. Siempre desde la prudencia y el respeto. No se trata de que vaya por la vida diciendo que es el mejor de la clase, pero sí de que sea consciente de que tiene talento para el cálculo matemático.

Y por último te dejo cuatro directrices muy sencillas que te ayudarán a gestionar las emociones con los niños. Si tu hijo acude a ti con ganas de hablar porque se siente triste, ansioso, celoso, angustiado...

1. *Apaga* el móvil o la televisión y escucha con atención. Si no pudieras atenderle en ese momento, pídele que espere un momento.

2. *No juzgues* lo que dice –«pero si ha sido una chorrada de nada con tu hermano»–, ni lo que siente –«¡me alucina que te sientas mal por esa tontería, si no tiene importancia alguna!»–. Cuando haces esto, lo confundes y deja de confiar en ti porque no se siente comprendido.

3. *Apoya y ayúdale* a nombrar lo que le pasa –«ya veo que te ha afectado mucho, puedo entenderte perfectamente».

4. *Pregúntale* si necesita ayuda.

Ahora que tienes las directrices para cuidar y fortalecer la autoestima de tu hijo, ¡pasemos a los juegos!

Juego 1

La basura de las etiquetas

Además de cómo nos comportamos con los demás, las etiquetas que tenemos de ellos condicionan la visión que tienen de sí mismos. ¿Qué imagen quieres que tenga tu hijo de sí mismo? Supongo que desearías que se gustara, que se valorara, que supiera que es maravilloso, ¿verdad? Esto es difícil de conseguir si escucha etiquetas negativas. Así que hagamos un juego familiar para desprendernos de ellas, sin juzgar de dónde vienen las etiquetas de cada uno.

Lo primero que hay que hacer es anotar cada etiqueta cn un post-it. Las negativas se corresponden con todo aquello que te molesta o te pone nervioso de tu hijo:

Con estas etiquetas estás definiendo a tu hijo y te llevan a esperar de él comportamientos relacionados con estos juicios de valor, de tal forma que tu visión en túnel hace que te fijes más en lo negativo que en lo positivo. Pero estas etiquetas no son tu hijo, no lo definen. Son comportamientos aislados y no lo definen como persona.

Lo siguiente es fabricar una caja de cartón bonita o una papelera. Esta actividad se la puedes proponer a tu hijo con respecto a sí mismo. Pídele también que escriba todo aquello que él se critica, como has hecho en los post-its. Aprender a desprendernos de aquello que nos limita nos hará más fuertes y libres.

Y ahora es el momento del ritual. Coge tu caja o tu papelera e introduce todo lo que no deseas pensar más sobre tu hijo. Tu hijo será aquello que tú proyectes en él, lo que tú le hagas creer que es.

Una vez os hayáis deshecho de las etiquetas, por favor, recuerda que cada vez que se te escape una tienes que decirte: «Ese no es mi hijo, esa etiqueta la tengo ya en la basura». Y si escuchas verbalizar a tu hijo: «Es que soy tonto», pídele que hago lo mismo. Como decía Forrest Gump, tonto es el que hace tonterías. Dile que su etiqueta está en la basura y que él es, en parte, lo que decida ser.

Al final, en lugar de tener etiquetas vamos a tener deseos. Piensa en las conductas que te gustaría que desarrollara, es decir, qué quieres corregir en lugar de cómo defines a tu hijo. «Quiero que sea más ordenado» en lugar de «Es desordenado». Y ahora trata de definir qué es ser «más ordenado». Estoy segura de que los dos no entendéis lo mismo.

Céntrate en cambiar solo un comportamiento a la vez. A todos nos cuesta hacer cambios, y más en aquello que no deseamos cambiar. Al principio, tu hijo puede llegar a ser más ordenado porque tú se lo pides, no porque salga de él. Seguro que luego lo agradece y se siente bien teniendo el cuarto recogido, pero de entrada lo hace por ti. Así que pónselo fácil y no le pidas diez cambios a la vez.

Refuerza cada pequeño logro. No le digas: «Lo ves, esto es lo que tendría que ser». Eso ya lo sabe. Lo que necesita es que le estampes un beso y solo le digas: «Este cuarto ahora es la leche. ¡Me encanta! Gracias por tu esfuerzo, cariño».

Juego 2

Habla de él en positivo «sin querer» que se dé cuenta

Algo que repatea a los niños es que sus padres hablen mal de ellos. Pero todavía les repatea más que lo hagan en público. Hay una escena muy típica con la que puede que te sientas identificada. Imagina que te encuentras con una amiga por la calle, tú vas con tu hijo y ella le dice:

«QUÉ GUAPO ESTÁS, CARLITOS, QUÉ CARA DE BUENO TIENES.»

Y tú contestas:

«¿CARA DE BUENO?, NO SABES LO QUE NOS HA COSTADO HOY SALIR DE CASA, VAYA PATALETA PARA DESAYUNAR DOS TOSTADAS DE NADA. CUÉNTASELO, CARLITOS, ANDA.»

Para tu hijo, este momento es aterrador. Lo estás ridiculizando y estás hablando mal de él a otras personas.

Además de faltarle el respeto, le estás traicionando. Es decir, todo lo contrario de lo que esperamos del rol de una madre o un padre. Los niños quieren estar protegidos, sentirse seguros, sobre todo de cara a terceros.

Siempre les digo a mis entrenadores que si tienen algo negativo que decir de los jugadores, los trapos sucios se lavan en el vestuario, no en las ruedas de prensa. Ahí los dejan vendidos. Y cuando haces estos comentarios sobre tus hijos a tus amigos ocurre lo mismo. También te recomiendo que tengas cuidado con lo que dices de tu pareja en las cenas en las que hay más parejas. Siempre hay alguien que habla mal de su marido o su mujer. Además de sentarle como un tiro, le dejarías fatal de cara a los demás.

Qué distinto hubiera sido si a tu amiga, en lugar de hablarle mal de Carlitos, le hubieras dicho: «Sí, María, además de guapo es un niño muy cariñoso. Me encanta que sea tan cariñoso, me hace sentir muy bien y muy querida». No necesitabas mentir y decir que esa mañana había desayunado como una bala, solo tenías que centrarte en algún aspecto bonito de él, algo que fuese cierto. Tu hijo se hubiera sentido más hinchado que un pavo real.

Además de proteger a tu hijo delante de tus amigos y familiares, te propongo el siguiente juego: haz lo posible para que tu hijo «te pille» hablando bien de él. Esto es muy fácil de conseguir. Solo tienes que simular una llamada o aprovechar cuando hables con la abuela, una tía o una amiga y decirles lo orgullosa que te sientes de algo que él sepa que es especial. Se trata de hablar bien de tu hijo como si no supieras que te está escuchando. Hacerlo de forma intencionada delante de él canta mucho. Puede parecer manipulativo. Pero si él cree que no te has dado cuenta de que lo está oyendo, parece mucho más sincero. Mientras hablas, puedes pasearte por el pasillo delante de su habitación, cerca del salón si él está allí...

Juego 3

Baraja de emociones

Tanto tus hijos como tú tenéis que escribir tres emociones que os gusten, que os hagan sentir bien, y tres que os gusten menos. Cada emoción irá escrita en una tarjeta, así que cada miembro de la familia tendrá seis emociones en la mano, como si fuera una baraja.

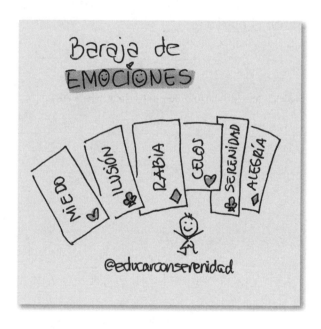

Si tus hijos te dicen que no saben nombres de emociones, no estaría mal que te hicieras con algún emocionario. En ellos se describen las diferentes emociones, con ejemplos, ejercicios, etc. Son libros preciosos.

Ponéis las tarjetas sobre la mesa y, por turnos, vais respondiendo a estas preguntas:

- ¿QUÉ TE HACE SENTIR ASÍ, ES DECIR, COMO LA EMOCIÓN QUE HAS ELEGIDO?
- SI SE TRATA DE UNA EMOCIÓN QUE TE HACE SENTIR INCÓMODO, ¿CÓMO SUELES RECUPERARTE, QUÉ TE CALMA?

Durante el ejercicio:

REGLAS

—No juzgues lo que siente tu hijo ni los motivos por los que siente esa emoción.

—Trata de ser empático: «¡Ah, a mí también suele pasarme!».

—Refuerza sus propuestas de gestión emocional: «¡Qué buena idea lo de darte una ducha cuando estás enfadado, debe de ser un momento muy especial para ti».

—Sé sincero con lo que tú aportas sobre las emociones. A ellos puede que les sirva de guía, de ejemplo, pero sobre todo, los ayudará a conocer mejor una faceta de la que rara vez os sentáis a hablar: tus emociones.

Al final del juego (pactad un tiempo) podéis hablar sobre las conclusiones: qué habéis aprendido, cómo os habéis sentido, etc.

Juego 4

Ponte la capa de superhéroe

Los miedos son muy comunes en los niños. Y son muchos los preadolescentes que siguen teniendo miedos. La solución no es hacer sentir mal al chaval con comentarios como: «Ya eres muy mayor para ser un miedica» o «Espabila, que tus miedos no son más que tonterías».

¿Te suenan estas frases?

—No te fíes de la gente, que no todo el mundo es bueno.

—Tú confías mucho en tus amigas, pero yo veo que no
tienen tan buenas intenciones.

—La madre de tu amigo no me gusta nada, es una
descarada. A saber qué valores está inculcando
a su hijo.

—Si te llamo tantas veces es porque me da miedo
que te pase algo en la calle con tus amigos.

—Cuando no me contestas los wasaps, estoy con el alma
en vilo. Creo que te han raptado.

—Pues raptan a un montón de niñas y las violan, mira si
no lo que pasa en las fiestas de los pueblos.

—Cuidadito con el autobús en la excursión, que no sería
el primer accidente de escolares.

Con estas frases lo único que se consigue es generarles incertidumbre y sensación de peligro. Y a esto se suman tus propios miedos, desde tus pequeñas manías hasta las grandes fobias. Yo, por ejemplo, a los insectos voladores. No es fobia, pero no me gustan ni un pelo. Y cada vez que en verano se me cuela una polilla de esas gordas atraída por la luz, lo paso realmente mal. Y mis hijos lo ven y me copian. Son miedos aprendidos.

Muchos miedos se quedan anclados en nuestros hijos sin que nos demos cuenta. Un comentario desafortunado por nuestra parte, una imagen en el telediario, una película infantil que no comprenden, una conversación de adultos en la que han estado presentes y, sobre todo, nuestros propios miedos, pueden ser el germen de los suyos. Los heredan, no por la parte genética, sino porque les trasladamos que viven en un mundo peligroso, amenazante y hostil.

Te voy a contar una anécdota de mi hija Carmen. Desde que tenía 4 o 5 años hasta ahora nos ha encantado ir al cine. Se ha visto todas las películas de Disney, Pixar o de dibujos de su edad. Un sábado entramos a ver *La casa encantada*, no recuerdo bien el título pero era algo así. Lo que sí recuerdo perfectamente es la escena que ella, años más tarde, me dijo que le había supuesto un trauma. Íbamos conduciendo por la autovía de Granada y nos quedamos detrás de una hormigonera, entonces mi hija me pidió que por favor la adelantara, que lo estaba pasando fatal. Le pregunté por qué, ¡y zasca! En la película, en la casa encantada vivía una mujer muy gorda y muy mala a la que enterró en vida el hormigón vertido por una hormigonera.

Como ya os he dicho, era una película de niños. Y todavía hoy, con 18 años que tiene, no soporta que yo vaya conduciendo detrás de una hormigonera. Piensa que nos enterrará en vida aun estando dentro del coche. En su día, Carmen no me habló de su miedo después de la película. No salió del cine diciendo: «Mamá, he pasado un miedo tremendo, qué horrible, la ha matado con el hormigón». No, no me enteré hasta años después. Te cuento la anécdota para que te des cuenta de lo poco conscientes que somos de aquello que puede impactar a nuestros hijos, de cómo les puede marcar una experiencia aparentemente inofensiva.

Así que los miedos son para hablar de ellos, para aprender a gestionarlos, escucharlos y apoyar a nuestros hijos, pero nunca para juzgarlos ni etiquetar a los niños de miedicas u otras lindezas aún peores. Yo he escuchado en la consulta a un padre decir de su hijo de 12 años: «Pero si ve un rayo o escucha un trueno y se pone a saltar de miedo como una maricona». Este comentario es machista, homófobo, sexista y una aberración. «Señor, deje usted el carné de padre al salir, por favor.» Esto es lo que me dieron ganas de decirle, pero me callé por el bien de su hijo e intenté reconducir la situación para que todos saliésemos ganando.

Para superar los miedos me han funcionado muy bien varios juegos. Uno de ellos es el de la capa de superhéroe o cualquier otro elemento que al niño le dé seguridad, valentía y fuerza. Puede ser también la espada láser de *La guerra de las galaxias*.

Podéis ir juntos a comprar la capa o la espada láser, o fabricar una (a mí es que se me dan fatal las manualidades) y luego escribir los superpoderes que siente cuando lleva puesta la capa o cuando lleva encima la espada.

Cuando tu hijo se ponga la capa, tienes que decirle que se ha convertido en un superhéroe, que cierre los ojos e imagine cómo se llena de fuerza y valentía. Aquí sería bueno que le ayudaras a visualizar. Mientras tiene los ojos cerrados, le puedes ir narrando cómo se comporta con valentía, luchando contra viento y marea, como si fuera el protagonista de una película. Si el miedo está en dormir con la luz apagada, dile que se acueste con la capa y que se duerma pensando que es un superhéroe que salva a todos sus amigos del cole de un profe malvado que quería poner muchísimos deberes.

También puede imaginarse dentro de un cómic salvando un partido de fútbol y metiendo una docena de goles.

O matando monstruos con su espada láser. El hecho de fantasear con recursos, con su capacidad de hacer frente, por un lado le envalentona y por otro le distrae de estar pensando que va a salir un fantasma de debajo de la cama y le va a atrapar.

Otra cosa que también puedes hacer es establecer una rutina, como que al llegar la hora de acostarse, o de cualquier otra actividad a la que le tenga miedo, os situéis en el lugar de acción, en este caso su dormitorio, y les dé una charla a los monstruos:

148

Durante el proceso de conversión a superhéroe no dejes de prestarle atención. Pregúntale cómo se siente, si ha sido capaz de ganar sus batallas, felicítale por los logros conseguidos, aunque sean muy pequeños. Dile que esto forma parte del proceso de hacerse mayor.

Juego 5

Diario de un día valiente

Puedes complementar la capa de superhéroe con el *Diario de un día valiente*, como si tu hijo fuera el capitán de un barco que va anotando cada día las peripecias de su viaje. O puede escribir el diario sin que dependa del juego anterior.

Cuando le pedimos al niño que lleve un registro de sus actos valerosos o de sus momentos seguros del día, o de su atrevimiento a la hora de hablar en público en clase, también le estamos ayudando a focalizar la atención en aquello que tiene que conseguir.

Prepara con él un diario con dibujos o un collage, un diario en el que apetezca escribir. Lo ideal es que él elija la temática. Puede hacerlo desde su rol de un pirata valiente, un piloto de aviones supersónicos, un futbolista mundialmente conocido, una superheroína de animales. Una vez elegido el personaje, nos ponemos con la manualidad. Compra una libreta bonita y decórala con una portada temática.

Fíjate en este ejemplo, es de una niña con miedo a la oscuridad y a fallar a sus amigas que vino a mi consulta hace tiempo. Su madre había muerto de cáncer tres años atrás, y ella, con 11 años, tenía muchos miedos.

Martes 9 de septiembre

- He salido a jugar a la fresca y he sido muy valiente. Mis amigas querían que fuese a jugar a la plaza, no me apetecía y he dicho que NO y no he tenido miedo a perderlas.

- He ido al baño sola desde la cama por la noche, con mi antorcha de luz. No he llamado a mi padre.

Esta era su portada pirata. Me dijo que los piratas le parecían muy valientes. Por entonces ya habían estrenado las primeras películas de *Piratas del Caribe*. Y su padre le compró una antorcha de luz con pilas, que ella decía que le daba fuerza porque espantaba a sus miedos.

Tener una capa, una antorcha o llevar un diario no hará que los niños acaben con sus miedos de forma inmediata, pero sí que vayan teniendo más recursos en sus mochilas para aprender a vencerlos. No te desesperes si ves que tu hijo sigue atemorizado con sus miedos. No pasa nada. También los miedos son evolutivos, algunos van desapareciendo con la edad y otros van llegando. Lo importante es que no se sienta débil por sufrirlos, sino que aprendáis a buscar soluciones juntos para que se sienta cada vez más fuerte.

Juego 6

Mural de las emociones

Este juego consiste en elegir. Pero para elegir, uno antes tiene que saber entre qué puede elegir. Te animo a comprar un emocionario o a navegar por internet buscando información sobre nombres de emociones, como cuando buscaste nombre para tu hijo antes de que naciera. Solemos conocer muy pocas emociones, si tenemos en cuenta todas las que existen: frustración, nostalgia, rabia, ilusión, vergüenza, celos, serenidad, gratitud, empatía, aburrimiento, envidia, miedo, esperanza, desasosiego, ternura, compasión, asco, asombro, alivio, rencor, odio...

En este juego, siéntate con tu hijo y poneos a dibujar emociones. Podéis dibujarlas con la forma que más os guste: M&Ms de colores, bichos creativos e inventados por vosotros, el nombre de la emoción con letras dibujadas o animales imaginarios. Dad rienda a vuestra imaginación. Intenta que todas las emociones, incluso las que nos hacen sufrir como los celos, tengan cara de buenas personas o expresiones divertidas. Recuerda que no hay emociones buenas ni malas. Todas tienen su porqué evolutivo, existen por algo. Si de entrada las dibujáis con cara de pocos amigos, ya estáis poniendo distancia y teniendo prejuicios con ellas.

Una vez las hayáis dibujado, pégalas en un mural, en una ventana, en un lugar donde puedan estar fijas. Mira mi ejemplo:

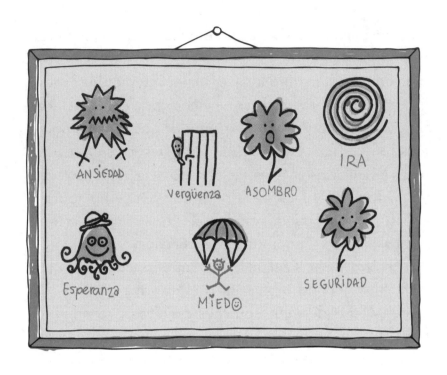

Ahora escribid debajo de cada una lo que representa, cuándo aparece, qué situaciones la provocan. Como aquí:

Tener este panel de emociones os ayudará a hablar con más naturalidad de ellas. Así tendrán más protagonismo en vuestras vidas y podréis entenderlas mejor. Es el maravilloso mundo de las emociones.

Juego 7

Muro de las lamentaciones

Se trata de tener un lugar en el que cada uno deje escritas sus emociones para que los demás puedan ayudar a encontrar soluciones.

El juego anterior consistía en saber más acerca de las emociones, y en este se pretende alcanzar un nivel de profundidad mayor. Ahora que las conocemos, busquemos ideas creativas para sentirnos mejor.

Pídele a tu hijo que dibuje o escriba en medio de una cartulina qué le pasa, y alrededor inventaremos soluciones divertidas, creativas, reales, absurdas o imposibles para esa preocupación.

A través de este juego lo que buscamos es aprender a responsabilizarnos de nuestro estado emocional, dejar la queja a un lado y ver en qué medida podemos, tanto padres como hijos, responsabilizarnos de lo que sentimos. Habrá veces en que la solución no dependa de nosotros, pero sí podremos poner alrededor del problema actividades como meditar, beber agua, respirar, y otras que sí estén en nuestra mano.

Fíjate en el ejemplo:

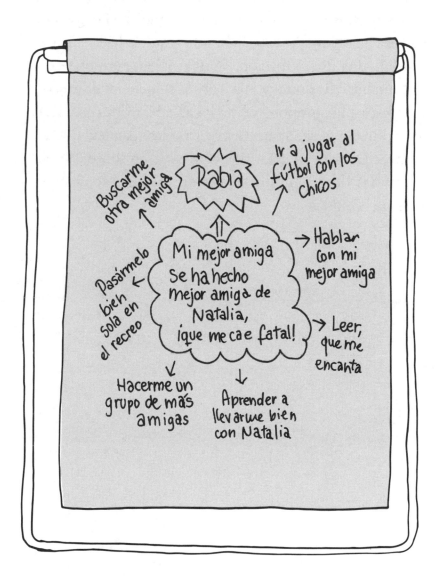

159

En esta dinámica no hay que valorar si las alternativas son buenas o malas. Lo que pretende es enseñar a pensar y a crear otras alternativas paralelas, y que el niño aprenda que esa emoción que está sintiendo y que le hace sufrir es fruto de una interpretación, de una visión, pero que existen muchas otras interpretaciones o soluciones al problema. Si tu hijo propone ideas locas, absurdas o sumisas (como pedir perdón sin motivo), no las juzgues. Puedes aprovechar para entablar una conversación sobre las ventajas y las desventajas de llevar a cabo esas soluciones, pero no juzgarlas.

Juego 8

Robot-muñeco de trapo

Lo más antiguo en psicología para gestionar emociones como la ansiedad, el miedo o la ira son las técnicas de relajación muscular y las técnicas de meditación. Sobre estas últimas encontrarás mucha información en los libros de mindfulness y tienes aplicaciones para el móvil.

Respecto a las técnicas de relajación muscular, en la facultad nos enseñaron una muy rápida para gestionar la tensión fruto de la activación del sistema nervioso simpático, me refiero a la técnica de relajación muscular progresiva de Jacobson, y puede adaptarse a los niños mediante el ejercicio del robot-muñeco de trapo. Enseñar a un niño a tensar y relajar grupos musculares puede ser aburrido y complicado, pero este ejercicio es muy sencillo.

Ante el miedo y las situaciones estresantes, nuestro cuerpo suele responder tensando los músculos. Lógico, se prepara para correr, para huir o para combatir. Pero las amenazas que tienen los niños en el mundo actual no son las que tenían hace miles de años frente a peligros reales, por lo que esa tensión muscular no es necesaria para salir huyendo de un conflicto con amigos, ni para hablar en público, ni para sobreponerse a la oscuridad.

En cambio, sufren las consecuencias físicas de la ansiedad: dolores de cabeza o de barriga, problemas para conciliar el sueño, ganas de llorar y de gritar, picores... Practicar técnicas de relajación muscular y meditación les ayudará a desactivar su sistema nervioso.

Pide a tu hijo, en un lugar tranquilo y cuando él esté receptivo, que practique de forma alternativa la posición de robot, todo el cuerpo tenso y rígido, y la posición de muñeco de trapo, que supone relajar todo el cuerpo, dejar caer la cabeza sobre los hombros, como si todo te pesara y no pudieras sostenerte. Alterna diez segundos en postura robot y diez segundos en postura muñeco de trapo y repítelo unas cinco veces. Cuando intercalamos tensión-relajación, terminamos por relajarnos y controlar nuestro estado físico. Muchas veces las emociones, además de hacernos sentir mal, nos cambian físicamente. Tener una herramienta para controlarlo es un alivio.

También te animo a que elabores una lista con tu hijo de actividades que le relajan cuando está nervioso o enfadado, así podréis hacer uso de ella cuando se encuentre mal.

Te dejo un ejemplo de lista:

- Meditar

- Pintar

- Escuchar música

- Leer

- Hablar con un amigo

- Hablar contigo

- No hacer nada

- Poner un vídeo de YouTube de risa

- Bailar

- Hacer ejercicio

- Editar vídeos

- Editar fotos

Ahora contáis con una serie de juegos para que tu hijo conozca sus emociones, sepa entenderlas y gestionarlas. Las emociones son maravillosas, con ellas es posible sentir y vivir de verdad. Es mejor tenerlas de aliadas que de enemigas.

4

NO ME CHILLES
QUE NO TE ESCUCHO

Dinámicas para favorecer
el entendimiento

Una de las cosas que más distancian a padres e hijos son los problemas de entendimiento y de comunicación. Los padres sacan temas de conversación que no interesan a los hijos, y los hijos no hablan con los padres, pero sí con los amigos. Cuando yo iba a la universidad, a mi abuela le sorprendía mucho que llegase a casa al mediodía y me fuese corriendo al teléfono para llamar a mis amigas. No entendía que si había pasado la mañana con ellas, tuviera la necesidad de volver a hablar nada más entrar por la puerta. Si por aquel entonces hubiera tenido teléfono móvil habría sido mi perdición, no me cabe la menor duda. Y cuando les digo a mis hijos que durante la hora de comer no se coge el móvil, mi abuela salta enseguida y cuenta esta historia de mi época universitaria. Ya sabéis la complicidad que se establece entre abuelos y... ¡bisnietos!

¿De qué hablaba yo nada más llegar de clase? Sinceramente, ni me acuerdo. De todo, de nada, de que había visto al chico que me gustaba en el aparcamiento cuando me montaba en el coche, de a qué hora quedábamos por la tarde, de lo que nos íbamos a poner, de un nuevo local de copas que acababan de abrir, es decir, de lo mismo que hablan mis hijos, pero con otros recursos. No tenía redes sociales, ni WhatsApp, ni acceso a mis amigos veinticuatro horas al día. Hablábamos de las chorradas propias de nuestra edad, pero era comunicación y, sobre todo, entendimiento.

Siempre me he llevado genial con mi abuela, pero ¿por qué hablaba con mis amigos y no con ella cuando volvía de clase? Los motivos están claros: teníamos empatía, estábamos en la misma onda, compartíamos historias comunes, nadie juzgaba a nadie, nos reforzábamos en todo lo que decíamos, teníamos planes en común, llorábamos juntos... Son los mismos motivos que tienen nuestros hijos para hablar con sus amigos y no con nosotros. La amistad no puede ser sustituida por ninguna conversación con los padres o los abuelos.

Aquí te dejo once consejos para mejorar la comunicación y el entendimiento con tus hijos.

1. No compares

Uno de los errores que cometen los padres es comparar la comunicación que mantienen con sus hijos con la que estos mantienen con sus amigos. No es comparable, por mucha amistad y complicidad que haya entre vosotros. Ya dije en el capítulo anterior que las comparaciones son odiosas. Cuando reprochas a tus hijos que no hablan contigo tanto como con sus amigos, les haces sentir mal.

Y esto no es necesario. Solo tienes que buscar estrategias para tener más comunicación con ellos. Recuerda, los amigos son sagrados. Utilizarlos como comparativa es poner a tu hijo a la defensiva. Estás tocando algo que para él es intocable.

2. No juzgues

En nuestra obsesión por proteger a nuestros hijos y convertirlos en mujeres y hombres de bien, nos empeñamos en juzgar lo que nos cuentan y clasificamos a sus amigos en buenos y malos y sus actividades en peligrosas o no. Por eso la mayoría de las veces interrumpimos la conversación que mantenemos con ellos, les hacemos sentir incómodos e incluso malos hijos por rodearse de «mala gente», de amigos que toman decisiones equivocadas, y por realizar actividades de riesgo o por no hacer lo que deben. En lugar de escucharles con atención, nos convertimos en jueces y consejeros, y de este modo debilitamos la confianza que depositan en nosotros.

Sin pensarlo, la mayoría de los padres pondrían la mano en el fuego por sus hijos. Los suyos ni beben, ni fuman, ni tienen sexo, y son educados y correctos. Pero ¿no te das cuenta de que estas historias que ellos cuentan sobre las hazañas y las salidas nocturnas con sus amigos, también las cuentan sus amigos en casa? ¿Solo el tuyo es el bueno de la película y los demás las malas compañías?

3. Antes de dar consejos, pide permiso

Aconsejar sin permiso es de mala educación. Además de ser un limitador. Limitas la capacidad resolutiva y creativa de tu hijo para buscar soluciones a lo que está planteando. Es más, muchas conversaciones no requieren tus consejos, solo que escuches. Ya sé que es complicado ver a tu hijo con un problema y no sacar la capa de Superman para solucionarlo. Pero no siempre les ayudamos cuando les decimos qué tienen que hacer, cómo y cuándo, más bien impedimos que ellos se las ingenien para resolver sus conflictos. Cuando tu hijo te cuente un problema pregúntale si desea un consejo, pero antes sugiérele que te proponga él su manera de resolverlo.

4. Escucha con atención

Si tu hijo quiere contarte algo y en ese momento no tienes tiempo, pídele por favor aplazar la charla, pero no le escuches a medias. Mantén el contacto visual, sonríe o adopta una expresión relajada, acompáñale con pequeños ánimos verbales, dile que le estás entendiendo si es así o que te repita lo que no has comprendido. Como dice Yolanda Cuevas, «sentirse escuchado aumenta la conexión entre las personas, lo que facilita la comunicación. Para entrenar la escucha activa, empática, atenta, es necesario parar la multitarea. No puedes escuchar a la vez que ves vídeos en YouTube, contestas wasaps, limpias o recoges. La atmósfera que se crea es importante, es el abono o el fin de la conversación. Y para los adolescentes, volver a conectar es difícil. Sienten que lo que cuentan no es interesante, que hay otras cosas más importantes, lo que hace que no se esfuercen en seguir hablando. Vívelo como una primera cita con tu hijo, como si fuera la primera vez que va a explicarte algo, y verás cómo cambia todo».

5. Comparte también tus cosas

Una de las claves de la comunicación entre amigos es que se comparte intimidad e información por igual. La comunicación entre padres e hijos se parece más a un interrogatorio por parte de los padres, pero no es bidireccional. Trata de compartir con tu hijo tus alegrías, tus angustias, tus problemas. Es lo que hace un amigo. El hecho de contarle tus inquietudes no te hace ni débil ni vulnerable, te hace humano. No tengas miedo, no lo va a utilizar en tu contra.

6. Pídeles consejo

Tu hijo tiene ideas creativas, distintas, que podrían suponer una solución a algunas de tus inquietudes. Interesarte por saber su opinión o qué haría en una cuestión concreta es hacerle partícipe de cosas importantes de tu vida, por lo que estás creando vínculos y lazos de confianza. No siempre sabrá cómo ayudarte, pero el mero hecho de que cuentes con él fortalecerá la relación, la comunicación y la confianza.

7. *Si quieres saber, ¡pregunta!*

Lo bonito de la comunicación sería poder hablar cuando uno tuviera ganas, no cuando los demás lo desean y te ves forzado a contar cosas. También sería genial poder hablar sin miedo. Sí, tu hijo muchas veces tiene miedo, aunque no te lo creas. En mi casa hay mucha confianza para hablar y jamás me he enfadado por una mala nota. En cambio, me extrañó muchísimo que un día mi hijo Pablo dijera que venía del colegio muerto de miedo porque había sacado un aprobado en alemán. «¿Muerto de miedo? Pero si jamás me he enfadado con vosotros, si no os grito, si lo razono casi todo», le dije. Sinceramente, no entendí nada. Traté de buscar en qué medida yo era responsable de que mi hijo tuviera miedo de contarme un mal resultado cuando, precisamente yo, me alegro de los malos resultados (es una forma de inculcarles que no me importan las notas, sino cómo se implican en sus estudios). Pues resultó que había oído a sus compañeros decir que tenían miedo de ir a casa con un suspenso. A él no le había pasado eso porque nunca había suspendido nada, pero solo de escuchar que sus compañeros tenían miedo, él pensó que esa era la emoción normal. Y de esto me enteré tres años después, porque él no me habló de su emoción aquel día. Se debió de sentir tan liberado de que no me enfadara que no me comentó que llevaba todo el día angustiado.

Muchos de los problemas de comunicación vienen por no preguntar. Yo tendría que haberme detenido a hablar más con Pablo el día que trajo el aprobado, que no es nada usual en él. Pero no lo hice, lo entendí como algo normal y di por sentado que para él también lo era, pero no fue así. La comunicación requiere interesarse por el otro, preguntar. Y el otro tiene derecho a no contestar. También puede ocurrir que no sea el momento de hablar de un tema.

8. No les interrumpas

Tú tienes más experiencia que tu hijo, por eso te sabes la mayoría de los chistes de Jaimito. Igual que te sabes sus historias porque, aunque en diferente medida, ya las has vivido. Cuando escuchamos hablar a nuestros hijos de sus problemas con los profesores: «Es que el de mates me tiene paquete (o sea, manía)», nos recuerda a nuestra infancia, cuando pensábamos que un profesor la había tomado con nosotros. Desde nuestra historia, experiencia y conocimiento tendemos a cortarles, les interrumpimos, nos adelantamos a lo que nos cuentan y rompemos el proceso de comunicación. Nadie quiere contarle su vida a quien ya lo sabe todo, porque esto carece de empatía y de misterio.

Deja que tu hijo se exprese, ríete del dichoso chiste de Jaimito como a ti te gustaba que se riesen cuando lo contabas de pequeño, y pregúntale con interés por sus historias. Incluso pídele que te cuente más cosas.

9. Háblales con educación

«¿Serías tan amable de...?», «¿Podrías por favor...?», «Te agradecería mucho si...», en lugar de «pon, trae, hazme, di, vete». La amabilidad, la cortesía y la educación son claves en cualquier intercambio comunicativo. Es un placer relacionarse y hablar con personas que te respetan. Lo que se dice es importante, pero también las formas. Una sonrisa, el tono, el volumen, hablar despacio, todo forma parte de la comunicación amable. Y la amabilidad funciona en cadena, de modo que si quieres hijos educados y amables contigo y con los demás, empieza por serlo tú con ellos.

10. Cuidado con la confianza

Tener confianza con los seres queridos nos lleva en ocasiones a ser descuidados en nuestra forma de expresarnos. Perdemos la educación, olvidamos el filtro, nos mostramos excesivamente sinceros y caemos en la falta de respeto, la humillación y el daño gratuito. No podemos verbalizar todo lo que se nos pasa por la cabeza. El amor incondicional es amor incondicional, pero no justifica las palabras dolorosas. Las palabras dejan profundas cicatrices. Todos hemos escuchado un comentario de un amigo, un profesor o un entrenador, incluso de nuestros padres, que nos hundió, que nos hizo sentir humillados y que no se nos olvida. Hay comentarios aparentemente inofensivos, inocentes, que calan hasta lo más profundo.

Este tipo de comentarios puede condicionar las decisiones de tus hijos. En la consulta, he podido observarlo con muchos jóvenes, y cuando los reproducen delante de sus padres, ellos dicen no acordarse siquiera de haber dicho eso. Pero el daño es irreparable. O como muchos responden: «Mujer, pero no me tengas en cuenta eso, ya sabes cómo es tu padre, que cuando se enfada es como la gaseosa». No olvidemos nunca que estamos tratando con personas, con su sensibilidad, con su manera inmadura (son niños y adolescentes) de encajar lo que ocurre a su alrededor, que buscan la forma de entender lo que les estás diciendo e incluso se inventan los motivos de por qué los tratas de esa manera. Y esas explicaciones que se dan a sí mismos: «Mi padre quiere más a mi hermana que a mí», para ellos son válidas y reales. Ojo, porque el valor de las palabras puede ser tan curativo como enfermizo.

11. *No vayas a pillarles*

Qué típica es la situación en la que los padres se han enterado de algo que desconocían de sus hijos y juegan a pillarlos, a ver si cazan la mentira. (Este juego, que a mí me parece rastrero, también es típico de la pareja.) Los hijos, después de vivir el interrogatorio una vez, a la siguiente ya van atemorizados: «¿Qué habré hecho esta vez? ¿En qué la he fastidiado?».

¿No sería mucho más noble por tu parte, cuando tu hijo entre en casa, pedirle hablar desde la amabilidad y el respeto? «Oye, Juan, me he enterado por una fuente que no puedo revelar que el sábado por la noche ocurrió esto. Tú me dijiste que fuisteis al cine, ¿podrías aclarármelo, por favor?» Tendemos enseguida a desconfiar de nuestros hijos, primero creyendo a pie juntillas lo que nos ha dicho la «fuente». Creo que si lo que buscamos es tener confianza con ellos, hemos de generar un ambiente que no sea inquisidor, en el que puedan explicarnos la verdad sin sentirse juzgados o atemorizados (por cierto, este puede ser uno de los motivos de que te haya engañado), darles la oportunidad de hablar y luego, con toda la información, decidir qué hacer. Si nos han engañado, preguntémonos por qué. Y si creemos que la mentira merece una consecuencia, es mejor madurar el tipo de consecuencia en lugar de enfadarnos e imponer un castigo desmedido o que luego no vayamos a cumplir.

Querer ir a pillar a alguien me parece poco honesto y es sentar un precedente de temor que no ayuda a comunicarnos con franqueza y honestidad.

Para favorecer el entendimiento:

1) No hagas comparaciones entre vuestra comunicación y la de los amigos.

2) No juzgues.

3) Antes de darles consejos, pide permiso.

4) Escucha con atención.

5) Comparte también tus cosas.

6) Pídeles consejo a ellos.

7) Si quieres saber, ¡pregunta!

8) No les interrumpas.

9) Háblales con educación.

10) Cuidado con el exceso de confianza.

11) No vayas a pillarles.

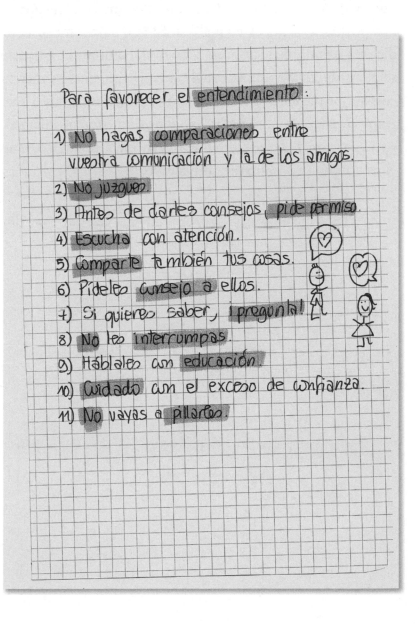

Y para finalizar, también es muy importante enseñar a nuestros hijos a comunicarse con ellos mismos en términos positivos, seguros y amables. El lenguaje interior condiciona cómo nos sentimos. Tienen que aprender a tratarse con respeto y compasión, con menos exigencia y menos culpa, porque esta es la base de una sana autoestima. Y el respeto parte de cómo nos hablamos a nosotros mismos. Así que varias de las dinámicas van encaminadas a que ellos aprendan a hablarse en positivo.

Juego 1

Rincón zen

En mis terapias de pareja aconsejo que los temas que puedan generar roces, tensiones o desacuerdos terminen por hablarse y negociarse fuera de casa. Se trata de estar en un ambiente en el que los estímulos, como el tipo de luz, el camarero, la pareja de la mesa de al lado, nos obliguen a hablar con más respeto y reposo, con un volumen y un tono conversacionales, de tal manera que ninguno pueda perder los papeles. Además, de esta manera no asociamos ningún lugar de la casa con momentos de tensión. Si continuamente discutes en el salón o en el comedor, esa zona se convierte en territorio hostil, en la que ya no apetece estar ni desconectar porque te recordará las discusiones.

Con la pareja es más fácil disponer de ese tiempo para salir a cenar, para desconectar de casa y poder hablar. Pero con los hijos cuesta más. Y aun así, yo lo he hecho muchas veces. Me gusta tratar algunos temas fuera de casa, como hice con la decisión de mudarnos a Zaragoza. Solo hay que buscar un lugar tranquilo, apacible, que module nuestras emociones.

Con los niños, dada la dificultad de salir o de retrasar el momento de hablar, es mejor crear un ambiente dedicado a la comunicación serena, parecido al que creamos en el capítulo de autocontrol. Este espacio debe ser elegido entre todos, no lo impongas tú. A ser posible, que sea un espacio neutro, es decir, ni la habitación de los niños ni tu despacho o tu habitación. Puede ser un rincón del salón, el comedor o la cocina.

Una vez elegido, conviene tener una serie de anclajes que ayuden a mantener la serenidad durante la conversación. Imagina que cuando vais a hablar sobre alguna decisión importante, como por ejemplo la hora de llegar a casa por la noche, ponéis en el espacio de comunicación serena una balanza como símbolo de justicia. O podéis encender unas velas o poner música clásica. Cualquier símbolo que os recuerde que está prohibido saltarse las reglas que hayáis pactado.

Estas reglas tienen que estar a la vista, en una nota, una pizarra o una imagen que hayáis plastificado con ellas. Las reglas las tenéis que decidir vosotros. Son las vuestras.

Te muestro las reglas de una familia con dos hijos de 12 y 14 años que vienen a mi consulta:

REGLAS PARA COMUNICARNOS MEJOR:

1. No juzgarnos.

2. No interrumpirnos.

3. No gritarnos.

4. Tratar de entender al otro.

5. No malinterpretarnos.

6. No decir «eso es mentira».

7. Hablar solo del tema que tengamos que hablar,
   no sacar basura del pasado.

También tenéis que pactar un tiempo para la conversación, de esta manera nadie tendrá la sensación de estar perdiendo el tiempo.

Otro elemento que puede ayudaros es tener un objeto que indique que tenéis la palabra y os lo vayáis pasando. Nadie puede hablar si no tiene en la mano un mando, un bolígrafo, cualquier cosa que sea fácil de coger. Así os aseguráis de no interrumpir al otro.

Es importante suspender la reunión si alguna de las partes se salta las reglas acordadas. Algunos chavales me han dicho que, durante alguna charla, su madre se ha enfadado y ha terminado verbalizando: «Ni reglas de comunicación, ni leches. Se acabó la charla por hoy, no hay manera de que entendáis nada». Esto es un suicidio para el juego. Si crees que puedes caer en esto, por favor, vuelve a repetir los juegos del primer capítulo, el de autocontrol. Se te han quedado para septiembre. ;)

Juego 2

Asuntos protestones de estado mayor

Muchos padres identifican a alguno de sus hijos como alguien excesivamente protestón. Suele ser un niño que se queja continuamente, poco conformista. A veces lo es porque no está de acuerdo con las directrices de los padres, y a veces, por hábito. Como las personas negativas, que parece que solo ven lo que no funciona y además lo verbalizan continuamente.

Es cierto que este tipo de personas terminan por agotarte porque te trasladan su negatividad y su forma trágica de ver la vida. Como la filosofía de educar con serenidad va en contra de negar lo que la persona siente, intenta que tu hijo concentre todas sus quejas en una libreta, o en un audio si no sabe escribir, y dedícale diez minutos al día para hablar sobre sus quejas, como si te reunieras en privado con el presidente para tratar asuntos de estado mayor.

En lugar de criticar a tu hijo con la típica frase: «Es que siempre te estás quejando, nada te parece bien, me tienes cansado con tanta queja», dile:

«TENEMOS FORMAS DISTINTAS DE VER LAS COSAS Y VEO QUE TÚ NO ESTÁS DE ACUERDO CON LO QUE PAPÁ Y MAMÁ TE PIDEN. COMO NO PODEMOS ATENDERLO TODO EN EL MOMENTO, PERO PARA TI ES IMPORTANTE, VAMOS A RESERVAR UN RATO AL DÍA PARA HABLAR DE ELLO. COMO CUANDO EL PRESIDENTE DESPACHA CON SUS MINISTROS. SERÁ NUESTRA REUNIÓN PARA TRATAR "ASUNTOS DE ESTADO MAYOR". ASÍ QUE TE EMPLAZO CADA DÍA A LAS OCHO Y MEDIA, ANTES DE LA DUCHA. EN ALGUNOS TEMAS ESTAREMOS DE ACUERDO Y PODREMOS CEDER, PERO EN OTROS NO. ASÍ QUE TIENES QUE ESTAR DISPUESTO A COMPORTARTE CON MADUREZ Y ENTENDER QUE HABRÁ TEMAS QUE NO SON NEGOCIABLES, AUNQUE NO TE PAREZCA JUSTO. Y, POR CIERTO, COMO SON "ASUNTOS DE ESTADO MAYOR", TIENES QUE TRAERLOS BIEN PREPARADOS, POR ESCRITO, EN UNA LIBRETA EN LA QUE PUEDAS ANOTAR LAS RESPUESTAS, LAS CONCLUSIONES, OTRAS QUEJAS Y DEMÁS.»

Con este ejercicio conseguimos dos cosas. Por un lado, eliminar la conducta disruptiva, es decir, las constantes interrupciones. Aunque no podemos obviar nada que sea importante o inmediato, del tipo: «Mamá, este zapato me aprieta, quítamelo», porque es posible que de verdad le esté haciendo daño, y no podemos emplazar esta queja a la noche y dejar que vaya con el zapato prieto todo el día. Y por otro lado, entrenaremos su capacidad de reflexión y su capacidad para relativizar. Quizá en el momento a tu hijo le parezca importantísimo quejarse porque no le has permitido tomarse un refresco por la tarde, pero por la noche, cuando tiene que hablar de ese tema, ya no lo considera tan importante y lo obvia. Así también aprenderá a decidir qué es importante y qué no.

¿Este ejercicio va a evitar la queja diaria de inmediato? No, ya quisiéramos. Tendrás que recordárselo repetidas veces hasta que aprenda el hábito. Así que cada vez que venga con una queja, tú, con toda tu amabilidad, recuérdale que eso es un asunto de estado mayor, que lo anote en su libreta y que os sentaréis a resolverlo a la hora acordada. Es muy importante que a la hora fijada os sentéis a resolver las quejas. De lo contrario, esta dinámica no servirá de nada. Se sentirá engañado.

Estos son los «asuntos de estado mayor» de Elvira, de 10 años.

- Quiero elegir mi ropa por la mañana para ir al colegio.
- Asunto importante: quiero un móvil.
- Me quiero duchar más tarde.
- Quiero ver la serie que ven mis amigas en Netflix.
- Me molesta hacer deberes después de comer, quiero hacerlos más tarde.
- Quiero beber zumo en lugar de agua en la cena.

@educarconserenidad

Cuando tu hijo habla contigo desde la tranquilidad de aquello con lo que no está de acuerdo, debes responder con la misma tranquilidad. Y como en toda negociación, trata de ceder en algo. Por ejemplo, en el caso de Elvira, dejar que beba zumo en la cena los viernes y los fines de semana, o retrasar la ducha un cuarto de hora. Todo dependerá de la escala de valores que tengáis en casa. Lo que no es viable es que le digas que no a todo y en cualquier circunstancia, porque entenderá que hablar tranquilamente contigo no tiene ningún sentido.

Habrá temas en los que ahora no puedes ceder, por ejemplo si tu hijo te pide un móvil, pero puedes pactar hablar de ello dentro de unos meses o en su cumpleaños. Aunque ahora no se pueda resolver, la esperanza de que se haga en el futuro mantendrá a tu hijo motivado y más tranquilo.

Juego 3

Las palabras no se las lleva el viento

A veces, tomar conciencia es el paso más importante para cambiar. Cuando nos acostumbramos a hablar con agresividad, sin amabilidad, terminamos normalizando la conducta, pero también perdemos la empatía. Olvidamos que las palabras duelen y que pueden ser un antes y un después en una relación.

Este ejercicio es muy sencillo pero muy revelador. No es una idea original mía, pero no recuerdo de dónde la saqué. La tarea, que realizaremos con nuestros hijos, consiste en dibujar a lápiz, no a bolígrafo, cada uno en un folio en blanco, una cruz bien fuerte. Al finalizar el día, añadiremos una cruz por cada comentario fuera de tono, por cada agravio o por cada grito. Es decir, una cruz por cada momento en el que pensamos que hemos hecho daño a alguien, consciente o inconscientemente.

Esas cruces no hay que justificarlas, no hay que explicar a qué se deben, a quién se ha ofendido o qué se ha dicho. Son solo para tomar conciencia. Cada uno puede guardar su folio o colgarlo en una zona común. Elegid una hora del día para hacer recuento de los momentos ofensivos y escribid una cruz por cada uno de ellos. Por ejemplo, si hoy has gritado tres veces y has hecho un desplante a un compañero de trabajo, tienes que poner cuatro cruces.

Al final de la semana, cada uno debe coger su hoja y borrar con una goma las cruces escritas a lápiz. Os daréis cuenta de que el lápiz se borra, pero si las habéis escrito con fuerza quedará una huella en el folio. Y esto es lo que ocurre cuando ofendemos con nuestras palabras a alguien. Podemos pedir perdón, podemos reparar la ofensa teniendo algún detalle, pero el daño queda. Y dependiendo de la sensibilidad, el momento que atraviesa la persona, lo vulnerable que esté, su inseguridad o su autoestima, puede que las palabras sean mucho más penetrantes, profundas y dolorosas de lo que nos imaginamos.

Ya sé que no tienes intención de ofender a nadie y que le afecte el resto de su vida. Pero es así. La mayor parte de los problemas que veo en la consulta tienen un trasfondo doloroso que parte de la infancia. Suelen ser personas con madres y padres exigentes, humillantes, críticos, limitantes, que les dijeron que todo era difícil, que el mundo era peligroso, que ellos no estaban preparados, que no valían nada, que no fueran de esta o esa manera.

Por favor, a partir de ahora, trata a los tuyos y a los que te rodean desde el profundo respeto que merecen por el solo hecho de ser personas.

Juego 4

Hablar con el extraterrestre

Te adelantaba en la introducción de este capítulo que en la comunicación no solo es importante hablar con respeto en familia, sino que los niños aprendan a hablarse a sí mismos en positivo, con respeto y amabilidad.

La manera como nos hablamos determina cómo nos sentimos. Así que conceptos como la seguridad, la autoestima o la confianza dependen de cómo nos definimos y cómo nos vemos. En este sentido, el lenguaje cobra una importancia absoluta. Las personas que tienden a describirse en términos negativos, que verbalizan más los problemas que las soluciones, que anticipan todos los inconvenientes que puedan surgir, además de tener el foco de atención puesto en la parte negativa y tóxica de la vida, también acaban teniendo una imagen negativa de ellos mismos: incapaces, inútiles, débiles, sin recursos.

Enseñemos a nuestros hijos a hablarse de manera que sume, no que reste. No se trata de que piensen que son perfectos, ni mucho menos. Pero sí de que interpreten el entorno y lo que les sucede desde el control y la positividad.

Muchos niños tienen un amigo invisible. Yo de pequeña tenía a Mike Donovan. ¿Te acuerdas de la serie *V*? Pues Mike era el bueno, el salvador. Mike me acompañaba a todos lados. Invita a tu hijo a que tenga un amigo invisible extraterrestre y pídele que lo dibuje (así será menos invisible :)) para que pueda llevarlo siempre con él.

El amigo invisible es el símbolo para aprender a traducir de forma simultánea del «idioma negativo y exigente con él mismo» al «idioma positivo y amable con él mismo». La idea es que cada vez que verbalice algo en negativo, haga de traductor simultáneo al extraterrestre, porque este solo entiende el idioma positivo.

Ahora que están tan de moda los intercambios con estudiantes extranjeros para practicar otro idioma, imagina que tienes de intercambio a un extraterrestre. Este chaval verde, azul o amarillo, como quiera que tu hijo lo dibuje, no tiene ni idea del lenguaje negativo, no lo entiende.

En su planeta, llamado «Positivus», solo se habla en positivo. Los extraterrestres, como se hablan con amabilidad, son respetuosos con ellos mismos, se quejan poco y buscan soluciones, hablan en términos de lo que tienen que conseguir y no de lo que tienen que evitar.

Cada vez que tu hijo verbalice en negativo, por ejemplo: «A mí no me sale solo, es muy difícil», pídele que traduzca al idioma positivo la misma frase: «Sé que puede costarme, pero lo voy a intentar».

Para ambientar esta dinámica, dibuja en una cartulina el planeta Positivus y escribe alrededor de él, con tu hijo, distintas frases positivas que puedan ayudarle a mejorar su idioma.

El enfoque cognitivo y la interpretación que hacemos del entorno influyen en nuestra manera de comportarnos. No es algo que venga determinado genéticamente, así que podemos entrenarlo para que favorezca la autoestima y la seguridad de nuestros hijos. Los niños aprenden, primero, cuando hay entendimiento. Esto quiere decir que tu hijo tiene que comprender qué debe hacer en este ejercicio. Por eso es importante que le expliques bien lo que significa la traducción simultánea al idioma positivo. Segundo, aprenden a través de la repetición. Con traducir una vez al extraterrestre su frase negativa no será suficiente para que se hable a sí mismo con respeto y positividad. Tiene que entrenarlo. Aquí puedes utilizar la metáfora de cómo se aprende inglés. Hablaremos mejor el inglés cuanto más vocabulario manejemos y más lo practiquemos, por eso aprenderemos más si nos vamos un año a Inglaterra que si nos quedamos un año en España en una academia a la que acudimos dos horas a la semana.

Además, al traducir de forma simultánea al positivo ofrecemos a nuestra mente un plan B. Hablar en negativo, echar balones fuera, quejarse, machacarse, son opciones. Pero tenemos que saber que existen otras, aunque tengamos que entrenarlas. Hablar en positivo es el plan B. A medida que la mente hable en este idioma, terminará eligiéndolo como lengua materna, porque las consecuencias emocionales, en cuanto al respeto y la serenidad con la que uno se trata, son infinitamente mejores.

Juego 5

El optimismo en mil palabras

En esta línea de positividad, vamos a ayudar a mejorar el vocabulario positivo de nuestros hijos. Siempre me han llamado la atención esos anuncios de cursos de inglés: «Aprenda inglés en mil palabras». ¡Mil palabras son muchísimas palabras! Propón el siguiente ejercicio a tu hijo. Se trata de elegir entre todos, una vez a la semana, cinco palabras positivas, tranquilas, serenas, dinámicas, con fuerza.

Mira este ejemplo:

El objetivo es que amplíe su vocabulario positivo y sereno. Te recomiendo incluir entre las cinco palabras alguna que sea más culta o que desconozca, para que a la vez vaya enriqueciendo su vocabulario.

Cuando tengáis las cinco palabras, en alguno de los momentos que compartís en familia, como puede ser la cena, plantéale utilizar frases que contengan esas palabras. Y pídele que durante el día por favor las repita y las incluya en su vocabulario. De ese modo, al cabo de una semana pasarán a formar parte de su repertorio de palabras nuevas y más utilizadas. También puedes animarle, en la cena o cuando estéis juntos, a que comparta las situaciones en las que las ha utilizado en el colegio, con los amigos o en el equipo deportivo.

Es importante reforzar cualquier frase. Si por ejemplo te dice: «La lectura en clase ha sido irrisoria», no contestes: «Vaya, pero si esa frase es facilísima, busca otra más complicada, esfuérzate más». Recuerda que esta dinámica no es para esforzarse, es para enriquecer el vocabulario positivo y tener mayor riqueza de vocabulario. Nada más. Si le exiges esfuerzo, puede que no quiera seguir jugando. Al revés, tienes que reforzar y elogiar cada frase, sin juzgarla.

Y cada semana vais cambiando las cinco palabras. Puedes proponerle también que busque en algún diccionario y traiga propuestas para las cinco palabras semanales. Poco a poco irá manejando ese vocabulario con fluidez y se expresará con más palabras positivas que negativas.

En lugar de castigar la conducta negativa y quejica de nuestros hijos diciéndoles que no se quejen, que no sean lloricas, que valoren más las cosas, vamos a dar una vuelta de tuerca y proponerles esta dinámica para que se centren más en lo positivo.

Juego 6

Mi mejor versión

¿Cómo se describe tu hijo? ¿Qué visión tiene de él mismo? Normalmente esta información nos llega cuando se critican: «Mamá, es que soy malísimo para jugar al fútbol», pero no es algo sobre lo que preguntemos en casa. La seguridad de los niños y su autoestima mejoran mucho cuando aprenden a centrarse en su visión positiva. No quiere decir que nuestros hijos no tengan áreas de mejora. Las tienen y deben ser conscientes de ellas para saber cuáles son sus límites. Todos tenemos límites, por mucho que podamos mejorar.

Pero la atención tiene que estar puesta en lo que aportan, en su valor, en sus fortalezas. Tienen que saber reconocerlo con humildad y hablar con naturalidad de ello. Esto les hará fuertes y les permitirá actuar con seguridad. No tengas miedo de que tu hijo verbalice en positivo sobre sí mismo. Muchos padres lo ven como una conducta arrogante o chulesca. Y así nos va. En las empresas, ¿cuánta gente brillante no se reconoce como tal y anda cabizbaja porque de pequeños les dijeron que eso era falta de humildad?

Un niño que sabe reconocer que habla bien en público, que se relaciona bien con los amigos, que juega bien al ajedrez, que es responsable en sus estudios, es un niño que se siente seguro de todas esas facetas de su vida. Y por ello tenderá a realizarlas más. Pero si le corregimos lo que tiene que cambiar y no recibe retroalimentación de aquello para lo que tiene talento y hace bien, su visión será parcial, con más información negativa que positiva.

Este ejercicio es para que animes a tus hijos, en momentos que compartís juntos, como son las sobremesas o las tardes de los fines de semana, a que escriban uno de sus mejores talentos. Podéis jugar también a adivinar qué ha puesto el otro, o a poner todos los papeles boca abajo y mezclarlos y adivinar qué atributo corresponde a quién.

Y para rematar, esta dinámica cobrará más valor si cada miembro de la familia aporta una «prueba de realidad». Una prueba de realidad es el relato de una situación real en la que se ha convivido con ese talento.

Mira mi ejemplo. Esta niña ha elegido como su mejor talento la virtud de ser valiente y los demás acompañan esa virtud con pruebas de realidad en las que se ha comportado con valentía:

En ningún momento hay que decir nada del tipo: «Sí, sí, muy valiente para algunas cosas, pero, madre mía, lo que te costó irte sola a la cama cuando eras pequeña». Recuerda: cero juzgar, cero reproches, céntrate solo en lo que tus hijos valoran de sí mismos. Y no digas nada negativo.

Juego 7

El debate

Cuando era adolescente vi en el cine una película cuya temática me fascinó. Yo fui delegada de clase y delegada de colegio y me encantaba hablar en público. La película se titulaba *Escúchame*, una americanada de universitarios en toda regla, y en ella salían Kirk Cameron, Jami Gertz, Roy Scheider, Amanda Peterson y George Wyner. La vi muchas veces. Trataba sobre una carrera que al parecer existe en Estados Unidos que se llama «Debate», en la que los alumnos aprenden a debatir. Se les daba un tema y se les dividía en dos grupos. Unos tenían que defender la postura a favor, por ejemplo, del aborto, y los otros tenían que defender la postura en contra, independientemente de los valores y las creencias de cada uno. El alumno tenía que desarrollar argumentos para defender una postura, estuviera o no de acuerdo con ella. Los alumnos de las diferentes universidades terminaban concursando en un gran debate a nivel nacional, que por supuesto ganaba la buena y guapa de la película. Mucha sensibilidad y emoción. Esa película me marcó. Me encantaba verlos argumentar, observar sus pausas, su comunicación no verbal, sus artimañas emotivas, me fascinaba de verdad. Por si te da por verla, recuerda que yo era adolescente. Seguramente ahora tendría otra visión.

Esto viene al caso porque estas técnicas de debate son una dinámica genial para enseñar a nuestros hijos a comunicarse verbal y no verbalmente. Elegid un tema en casa que no os genere conflicto, porque este debate no está pensado para resolver problemas sino para practicar y entrenar la expresión, la serenidad, saber argumentar, saber respetar el turno de palabra o trabajar el autocontrol cuando defendemos algo a capa y espada. No es una dinámica para ganar.

Podéis seguir estas reglas:

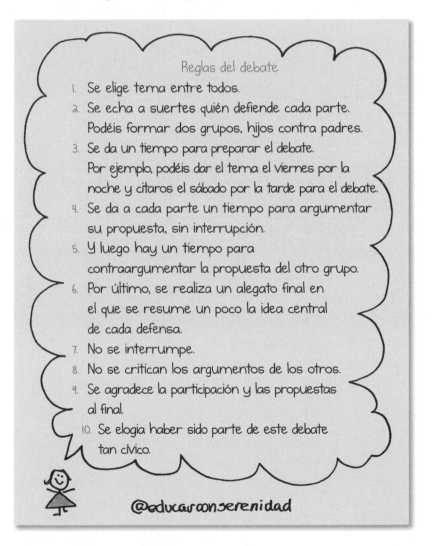

Reglas del debate

1. Se elige tema entre todos.
2. Se echa a suertes quién defiende cada parte. Podéis formar dos grupos, hijos contra padres.
3. Se da un tiempo para preparar el debate. Por ejemplo, podéis dar el tema el viernes por la noche y citaros el sábado por la tarde para el debate.
4. Se da a cada parte un tiempo para argumentar su propuesta, sin interrupción.
5. Y luego hay un tiempo para contraargumentar la propuesta del otro grupo.
6. Por último, se realiza un alegato final en el que se resume un poco la idea central de cada defensa.
7. No se interrumpe.
8. No se critican los argumentos de los otros.
9. Se agradece la participación y las propuestas al final.
10. Se elogia haber sido parte de este debate tan cívico.

@educarconserenidad

A medida que vayáis dominando las técnicas de debate, veréis que es un ejercicio que inspira a vuestros hijos a pensar, a ser creativos, a ser empáticos, a tener que defender posturas en las que a veces no creen, a saber respetar el turno y ser respetuoso en la comunicación. Y en un futuro os servirá para discutir con ellos temas en los que haya que negociar.

Juego 8

Concurso de palabras

A los niños les encanta competir, concursar, es parte de su forma de superarse. Un juego que estimula la agilidad mental, la rapidez, la memoria, la atención y la concentración es buscar palabras que estén relacionadas con un concepto determinado, por ejemplo «la amabilidad».

Al igual que en el juego «El optimismo en mil palabras», en el que había que formular frases con las palabras nuevas que se habían elegido, ahora se trata de que nuestros hijos activen su vocabulario amable, respetuoso, positivo, divertido, compasivo. Podéis hacer como si fuera un juego de mesa.

Reglas del juego:

> Reglas del concurso de palabras
> 1. Se elige un concepto que tenga que ver con el lenguaje positivo, como OPTIMISMO, AMABILIDAD, etc.
> 2. Se da un tiempo, un minuto como mucho, porque si no se eterniza el juego y es aburrido.
> 3. Se escriben tantas palabras como se le ocurra a uno que estén relacionadas con el OPTIMISMO o la AMABILIDAD.
> 4. Se para el reloj y se leen las palabras en voz alta.
> 5. Y una vez presentadas las palabras, cada uno formula una frase con la palabra que más le ha gustado de las que ha escuchado.

@educarconserenidad

Si tomamos como concepto «la amabilidad», un ejemplo de las palabras que pueden salir es el siguiente:

Papá: «educado, cariñoso, servicial, panadero (puede que el panadero sea especialmente amable)».
Mamá: «primavera, poesía, educación, maestros de primaria».
Julia: «abuelo, abuela, cariño, besos, amor».

Después hay que formular frases que contengan la palabra «amabilidad», que es de donde parten las que habéis escrito, más la palabra que más os haya gustado de los tres.

Papá: «*Me sorprende cada día la amabilidad del panadero de nuestro barrio. Se levanta tempranísimo, pero siempre sonríe y tiene un comentario cariñoso con los clientes*».

Mamá: «*El abuelo siempre es muy amable contigo, Julia. Le encanta pasear contigo por el campo cuando vamos a verlo y es muy paciente*».

Julia: «*No entiendo por qué la poesía es amable, ¿podrías explicarlo?*».

Juego 9

Detective de expresiones amables

Os acaban de encargar la misión de descubrir expresiones amables. Nombra a tus hijos detectives privados, como Sherlock Holmes. Dales una libreta y un bolígrafo especiales para la ocasión y pídeles que por favor anoten todas las cosas amables que escuchen a su alrededor.

Con este ejercicio se fomenta que nuestros hijos centren la atención en los comentarios amables. Con frecuencia reciben cariño y elogios, pero están tan acostumbrados a quejarse que ni siquiera son conscientes de todos los «te quiero», «qué niño más precioso», «muchas gracias, cariño» que suenan a su alrededor.

Pídeles que anoten en su libreta, o en audios si no saben escribir, toda la comunicación amable. Igual debes explicarles qué es la comunicación amable. Y luego siéntate con ellos para poner en común todo lo que han escuchado.

Juego 10

Hoy soy el míster

¿No te has dado cuenta de que en todas las películas de deportes, como *Coach Carter*, *Rocky*, *Invictus*, siempre hay una charla motivacional por parte del entrenador o el protagonista que podría despertar e insuflar ánimo a cualquiera que estuviera arrastrándose de pena? Pues en este juego vas a ser entrenador y tienes que levantar la moral, el ánimo y dar alegría a los tuyos.

¿En qué momento podéis jugar? Si eres de los que tiene algo de tiempo antes de salir de casa por la mañana, es el momento ideal, y cada semana podría dar la charla motivacional un miembro distinto de la familia. Si vas con el tiempo justo, puedes aprovechar el trayecto en coche, o hacer el *speach* a modo de juego el fin de semana.

Pedirle a tus hijos que den una charla motivadora de unos minutos tiene varias ventajas:

– Se entrenan para hablar en público.

– Aprenden a automotivarse, de manera que no necesiten tener detrás a otra persona que esté diciéndoles que lo hacen bien, que son buenos y que pueden aprobar el examen.

– Enfocan su mente hacia lo positivo, la alegría, la motivación, en lugar de centrarse en lo negativo y quejarse.

Para dar ejemplo y facilitarles la tarea, empieza tú por elaborar un pequeño discurso motivacional. Tienes que ponerte en situación, como si estuvieras hablando a un equipo, ya sea de trabajo, deportivo o familiar, que tiene que conseguir algo grande. Pon énfasis, haz pausas, utiliza palabras que contagien emociones, como en las películas.

Pongamos que vais camino del colegio. Se me ocurre algo así:

Pregúntales después del discurso cómo se sienten. E invítalos a que la próxima vez hagan ellos el suyo. Incluso podéis fijar un día de la semana para el discurso, por ejemplo el jueves, que uno anda ya agotado y deseando que llegue el viernes y el fin de semana.

5

VALORES
PARA LA VIDA

Dinámicas para educar en valores

Los valores son nuestra seña de identidad. Representan la filosofía, las reglas y el código bajo los que queremos vivir en familia. Nuestro código de valores define nuestra forma de actuar, de juzgar, los límites entre lo que entendemos que está bien y lo que está mal. Los valores representan aquello con lo que nos identificamos y a lo que nunca debemos renunciar, porque entonces renunciamos a nuestros innegociables.

Educamos a los niños en valores desde que nacen. Buscamos colegios, deportes, amistades, viajes, libros y ocio afines a nuestros valores. Y solemos poner distancia con aquellas actividades o personas cuyos valores son opuestos a los nuestros. Nos provocan rechazo, vemos falta de empatía e incomprensión.

Por eso es tan importante educar a nuestros hijos en aquellos valores que van a convertirlos en personas de bien. Algunos son innegociables, como la honestidad, la sinceridad y la justicia. Y parece que están claros para todos. Pero en muchos otros valores no coincidimos. No todo el mundo entiende la bondad, la responsabilidad, la generosidad o el sacrificio de la misma manera.

En este capítulo no se trata de juzgar lo que está bien y lo que está mal. Lo que se busca es facilitar la labor de educar en valores. Para mí, hay valores que son esenciales para educar a personas de bien. Así que he reunido dinámicas para trabajar valores como **el esfuerzo, el respeto, la responsabilidad, la sinceridad, la paciencia, la generosidad o la gratitud**. Podría haber elegido muchos más, pero estos me parecen un buen principio.

Lo primero que tienen que entender nuestros hijos es qué significa comportarse de forma coherente con un determinado valor y qué beneficios tiene para ellos y para la comunidad. Tenemos que recordarles que no viven solos, que forman parte de una tribu: su familia, su clase, los vecinos, los amigos de la calle, los compañeros del equipo, incluso somos parte de la comunidad que compra en el supermercado a las seis de la tarde. Convivir implica comportarse de tal manera que tú puedas sentirte libre para ser tú, pero desde el respeto a los demás. Tus hijos molestan cuando corren por el pasillo del supermercado y se chocan con otras personas, molestan cuando dan voces en un restaurante, molestan cuando se cogen una pataleta en un autobús y gritan como si no hubiera un mañana, molestan cuando estás hablando con tu amiga por teléfono y no paran de interrumpir porque no son pacientes. Y no intentes justificarte con que son niños y que los hijos de los demás también la montan alguna vez. Sí, así es. Pero para eso está la educación, para que sepan distinguir cuándo están incomodando a otras personas sin necesidad. Puedes incomodar a la vecina si un día necesitas sal, pero la molestia no es alarmante. En cambio, hay unos límites que debemos enseñar a respetar a nuestros hijos. Siempre desde la paciencia, el respeto, el cariño y la amabilidad. Porque si tú pierdes los papeles cuando ellos no se comportan con respeto, eres el primero que infringe esos valores en los que deseas educar.

Los valores tampoco son algo a respetar solo cuando nos conviene. Por ejemplo, si inculcas a tu hijo que hay que ser paciente y respetuoso pero luego haces alguna triquiñuela al volante porque hay mucho tráfico, no estás siendo coherente. ¡Cuántos padres se saltan los semáforos de peatones con sus hijos de la mano cuando tienen prisa! Lo veo cada día. Con eso solo inculcamos a nuestros hijos que los valores están para cuando nos convienen. Además de enseñarles un modelo de conducta impaciente que se salta los límites legales. Esto se resume en la mítica frase: «Haz lo que yo diga, pero no lo que yo haga». Incluso hay padres que cruzan con el peatón en rojo diciendo a sus hijos: «Esto no se hace, pero es que, si no, no llegamos». Tremendo.

Por último. Tú, junto con tu pareja, que habéis decidido tener hijos, tenéis que pactar qué valores son innegociables. Necesitáis poneros de acuerdo en este aspecto, porque si no será una fuente de conflicto entre vosotros. Y en un futuro, a medida que vuestro hijo se convierta en adolescente, también tendréis que respetar su elección de valores. Puede que para vosotros haya sido muy importante educar en el orden, y él se encuentre cómodo y le salga su parte más creativa en el caos de su mesa de estudio.

Llegará un momento en que aquello en lo que hayáis educado se mantenga por completo, se mantenga a medias o incluso se rechace. Y no os quedará otra que aceptarlo. Porque si tratáis de imponer vuestra escala de valores y vuestro hijo no la comparte, os estaréis alejando de él. Imaginad que lo habéis educado en la fe y la religión católica y él decide que no cree en nada, que no desea confirmarse y que no quiere ir más a misa. Forzar esta idea o este valor es alejar a vuestro hijo de vosotros, es hacerle dudar de sus ideas y, sobre todo, es una falta de respeto hacia sus valores, su identidad y su forma de ser. Aprended a respetar las diferencias, aunque no os gusten. Perderéis toda la confianza y la sinceridad con vuestro hijo si no le dejáis pensar por sí mismo y le impedís que se desarrolle y se reafirme en sus valores.

Juego 1

ESFUERZO

Para vencer la pereza

Cuéntale a tu hijo el siguiente cuento:

«Cuando los hombres vivían en las cavernas, hace miles de años, su mente solo tenía una misión: sobrevivir. Gracias a que ellos sobrevivieron, tú estás aquí y formas parte de mi vida haciéndola mucho mejor. Para sobrevivir, el cerebro tiene un mecanismo muy chulo que nos hace ser muy inteligentes: él decide cuándo invertir esfuerzo para conseguir algo y cuándo no. Imagina ahora a nuestros antepasados, en las cuevas, tenían que cazar animales salvajes para poder comer y sobrevivir. Cazar un animal salvaje supone mucho, muchísimo esfuerzo. Tienes que correr detrás de él, ponerle trampas, luchar, vencer. Esa lucha con el animal supone un desgaste de energía enorme, por lo que nuestros antepasados, después de cazar y comerse lo que habían cazado, se echaban a dormir. Necesitaban descansar para reponer fuerzas para la próxima vez que tuvieran que cazar o defenderse de un peligro. Por eso tu cerebro trata siempre de que descanses, por si aparece un peligro. ¿Entiendes por qué a todos nos cuesta hacer esfuerzos? Le pasa a tu padre y me pasa a mí, a tus maestros y a tus hermanos.

@educarconserenidad

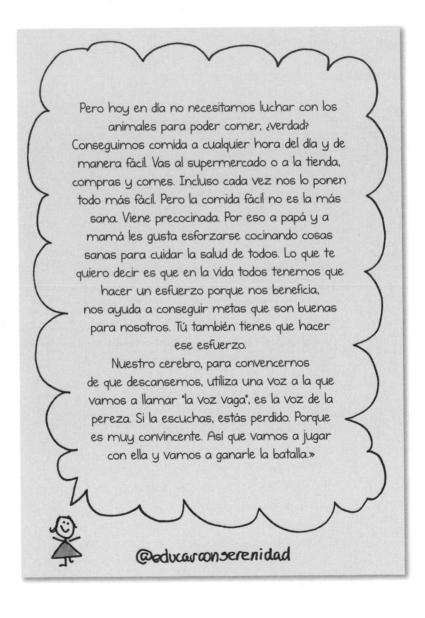

Pero hoy en día no necesitamos luchar con los animales para poder comer, ¿verdad? Conseguimos comida a cualquier hora del día y de manera fácil. Vas al supermercado o a la tienda, compras y comes. Incluso cada vez nos lo ponen todo más fácil. Pero la comida fácil no es la más sana. Viene precocinada. Por eso a papá y a mamá les gusta esforzarse cocinando cosas sanas para cuidar la salud de todos. Lo que te quiero decir es que en la vida todos tenemos que hacer un esfuerzo porque nos beneficia, nos ayuda a conseguir metas que son buenas para nosotros. Tú también tienes que hacer ese esfuerzo.

Nuestro cerebro, para convencernos de que descansemos, utiliza una voz a la que vamos a llamar "la voz vaga", es la voz de la pereza. Si la escuchas, estás perdido. Porque es muy convincente. Así que vamos a jugar con ella y vamos a ganarle la batalla.»

@educarconserenidad

Y ahora te propongo este juego para ganar a la pereza.

1. Pídele a tu hijo que dibuje a su pereza. Mira la mía:

2. Ahora enséñale a identificar su voz vaga. ¿Qué le dice?

3. Lo siguiente es tomar el control de la situación. Pídele por favor que conteste a su voz vaga, a su pereza. Lo ideal sería que él eligiera qué contestarle, pero siempre con determinación. Imagina que está aprendiendo inglés, pues igual le apetece gritarle «*Shut up!*».

Para vencer a mi pereza, le voy a decir:

– *Shut up!* Chisssss.

– Aquí mando yo.

– Qué pesadita eres, reina mía.

– No me grites que no te escucho.

– Por aquí que te vi.

– Lo llevas claro, bonita.

4. Sin pensar más en la pereza, tu hijo tiene que cumplir con su responsabilidad: lavarse los dientes, recoger la mesa, hacer los deberes, leer, ducharse...

5. En cuanto lo consiga, que anote su victoria con un palito en una tabla como la que aparece a continuación. Y al finalizar el día, que sume los palitos y vea la goleada que le ha metido a la pereza.

Pereza		¡¡ YO 😊 !!	
Martes	1 ₁ ‖‖	4	¡¡Toma goleada!!
Miércoles	0 ₁ ‖	2	¡¡Olééé!!
Jueves	2 ₁‖ ‖	2	¡¡Vamos, yo puedo!!
Viernes			
Sábado			
Domingo			

6. Al final de la semana tendrá derecho a canjear los goles o victorias que haya conseguido. Las opciones pueden ser: decidir la película del viernes juntos, ir al cine, elegir la cena, media hora de cosquillas en la espalda. Lo que tu hijo decida y sea justo.

Juego 2

RESPETO

El álbum del respeto

A los niños les encantan las manualidades, así que manos a la obra. No trates de realizar este «Álbum del respeto» en una tarde, sería agotador. Al revés, debéis ir pegando y añadiendo situaciones, de manera interactiva. La finalidad del álbum consiste en educar a nuestros hijos en el respeto a través de ejemplos de la vida real. En los colegios se han puesto de moda los *scrapbooks*, los libros de recortes. Los niños recortan, pegan, colorean, y al final queda un álbum precioso y muy creativo con el contenido elegido.

En nuestro caso, el contenido va a ser el respeto. La idea es pegar ejemplos de respeto que ocurran a vuestro alrededor, como experiencias del colegio, de un partido de fútbol que estéis viendo por televisión, de tus propios hijos contigo, de una noticia. Imagina que estáis viendo un partido de fútbol y un jugador se cae dentro del área. El árbitro pita penalti. El jugador, sabiendo que no es penalti y aunque salga beneficiado por esta decisión arbitral, se acerca al árbitro y reconoce que solo se ha caído. Con lo que el penalti queda anulado y él pierde la oportunidad de tener un gol en su marcador porque entiende que no le correspondía. En este caso, además del respeto al rival y a las reglas del juego, también aparecen valores como la sinceridad, la honestidad y el juego limpio.

Esta sería una anécdota para incluir en el *scrapbook*. Lo siguiente sería buscar una imagen del encuentro o del momento en que el jugador habla con el árbitro. En internet hay acceso a este tipo de fotos. La pegáis en el álbum, escribís un titular del tipo «El respeto por encima de los goles», y escribís el relato de lo ocurrido. Luego podéis añadir comentarios personales: las reflexiones de tu hijo respecto a este hecho, cómo se ha sentido, qué le parece como ejemplo para otros jugadores. Lo importante, además de pasarlo bien realizando la manualidad, es que tu hijo entienda por sí mismo los beneficios que conlleva ser respetuoso. En este caso, que el deporte se pueda disfrutar, que no se hagan trampas, que se gane a base de esfuerzo y no de la mentira, y cualquier cosa que se le pueda ocurrir.

Puedes utilizar cualquier historia, ajena o propia. Imagina ahora que habéis comido en un restaurante y el camarero ha sido especialmente atento y educado con vuestra mesa. También la podéis anotar en el *scrapbook*. Pídele a tu hijo que describa cómo se ha sentido: «Me ha tratado como si fuera alguien importante, el camarero era muy bueno y educado». Dibujar, recortar, pegar, interactuar con las experiencias vividas, vistas en televisión o leídas, es la mejor manera de sentir las consecuencias positivas del respeto y de integrarlo en tu vida.

Juego 3

RESPONSABILIDAD

Dar clases a los peluches

Que los niños hagan los deberes es algo que trae de cabeza a muchos padres. Sentarse a hacer las tareas es aburrido. Pero podemos convertir ese momento en algo más atractivo para que cojan el hábito desde pequeños. Hay niños a los que les he dado esta técnica en primaria y me han confesado que, incluso en bachiller, seguían poniéndose delante un peluche al que le repetían toda la materia del examen.

Puedes seguir estos pasos:

1. Siéntate con tu hijo y comprueba todos los deberes que tiene. A ser posible, asigna un tiempo para cada una de las tareas. Por ejemplo, matemáticas: 15 minutos; lengua: 20 minutos. Esta tarea de asignar tiempos y organizar su agenda tendrá que ir haciéndolo solo poco a poco.
2. Pídele que primero realice la tarea solo, como si fuera el profesor o la profesora preparando la clase.
3. Una vez finalizada la clase que se ha preparado, es decir, sus deberes, tiene que explicar a sus alumnos (peluches) lo que ha hecho.
4. Al principio, mientras coge el hábito, tú puedes ser uno más de los peluches y escuchar el resultado de sus tareas. Pero con el paso de los días, tienes que dejar de «ir a clase» para que tu hijo coja autonomía y realice este proceso solo.

@educarconserenidad

Hay una edad en la que a los niños les fascina hablar con los peluches y los muñecos. Si tu hijo se convierte en maestro, hacer los deberes será el preámbulo para jugar con ellos. Y la idea de explicarles la materia permitirá afianzar el aprendizaje. Se trata de dar sentido y repetir lo que ha estudiado.

Cuando actúes de peluche, por favor, aplaude al finalizar la breve exposición. Dile que es un profesor fantástico, que te ha quedado todo claro, e incluso hazle alguna pregunta respeto a lo explicado. De esta manera, dar clases a sus peluches será todavía más fantástico porque a los niños les encanta interactuar. Anímale también a que conteste posibles preguntas que le hagan los peluches, que él mismo puede inventarse. Deja que juegue y fantasee.

De esta manera estaremos creando el hábito de hacer los deberes y ser responsable con sus estudios de una forma divertida.

Juego 4

PACIENCIA

El mes de... la paciencia

El mes de la paciencia o el trimestre de la paciencia. La idea es entrenar un valor, en este caso la paciencia, durante el período que vosotros decidáis. Pero puede ser cualquier otro valor, por eso la dinámica se titula «El mes de...».

El juego consiste en lo siguiente:

— Definir qué es ser paciente o qué significa tener cualquier otro valor que vosotros elijáis.

— Llevar un registro de las acciones pacientes para compartirlas después y comentarlas.

Los soportes para dicho registro pueden ser un mural, una pizarra o un diario, en el que padres e hijos anoten los momentos del día en los que han sido pacientes o que representen el valor de la paciencia.

Mira este mural:

En ☺ octubre entrenamos la PACIENCIA ♡

OHM!!

— Esperando la nota de un examen. Me dicen que sale a las 17:00h, desde las 16:00h estoy mirando el móvil pero me espero.

— HAY VECES QUE LA GENTE ME PONE NERVIOSA Y NO SALTO.

No solo hay que llevar un registro, sino que tenéis que prestarle atención y comentarlo en momentos que compartáis en familia, como la cena o la comida, incluso podéis aprovechar el trayecto en coche al cole por las mañanas.

Juego 5

GENEROSIDAD

Detective

¿Y si jugamos a los detectives? Ya sabes que a los chavales les encanta jugar. Y eso de ser detectives y descubrir cosas es de lo más emocionante. Puedes preparar un kit que contenga: libreta de detective, lupa de detective, bolígrafo de detective. Los cachivaches de detective suelen ser muy solemnes y discretos, de color negro. No sirve una libreta de colorines porque los detectives deben pasar desapercibidos y los colorines pueden delatarlos. Mientras estés preparando el kit, por favor cuenta a tu hijo todo esto. Tienes que hacer más interesante la dinámica explicándole qué hace un detective y el cuidado que ha de tener para no ser descubierto, por ejemplo andar sigilosamente y hablar bajito. Así también estarás entrenando a tu hijo para que haga menos ruido. A veces los niños pueden subir los decibelios a un límite muy desagradable.

Dile que su misión consiste en investigar durante un mes y descubrir todas las acciones y personas generosas que le rodean, incluido él mismo. Para ello tendrá que estar muy atento. Explícale que la lupa es una lupa mental, y que él tiene que desarrollar la habilidad de aumentar y enfocar todo aquello que indique generosidad; que solemos andar por la vida más pendientes de lo que nos ofende que de lo positivo, y que con esa lupa descubrirá toda la generosidad que le rodea.

Puedes ayudarle durante unos minutos a hacer un repaso del día: en el colegio, el rato del patio con los amigos, cómo se han portado los profesores con él, quién le ha regalado un poquito de su tiempo para escucharle... Si no ayudas a tu hijo a enfocarse en este tipo de conductas generosas puede llegar a relacionar generosidad con aspectos más materiales, como que los abuelos le traigan un regalo.

Comenta con tu hijo los resultados del diario. Basta con hablar de ello con un poco de atención.

Juego 6

GRATITUD

Tres «gracias» antes de que acabe el día

Tener gratitud no solo es dar las gracias, sino que va mucho más allá. Es un acto de consideración con el regalo de la vida, con el hecho de estar vivo, de poder disfrutar de todo lo que nos rodea: la naturaleza, lo que comemos, las personas cercanas, incluso de nosotros mismos. Las personas que practican la gratitud están atentas a todos los detalles que les hacen sentir bien y agradecen que formen parte de su vida.

Cada noche, antes de que tus hijos se queden dormidos, pídeles que agradezcan tres cosas que hayan ocurrido durante el día. Utiliza este ejercicio como técnica de meditación o como parte del ritual que conduce al descanso. Diles que se concentren en qué cosas buenas han pasado y que den las gracias por ello.

Tener gratitud forma parte de una filosofía de vida basada en valores positivos, benevolencia, compasión, humildad. Todas van de la mano. Puedes participar en esta dinámica y pensar también tú en tres aspectos del día que desees agradecer.

La primera vez que pedí a mis hijos que hicieran este ejercicio, me dijeron que no se les ocurría nada. No les juzgué, no pensé que eran unos desagradecidos o unos egoístas. Me di cuenta de que habían normalizado un nivel de bienestar y comodidad porque formaba parte de sus vidas desde que habían nacido. Y así es. No es que ellos fueran unos desagradecidos, sino que yo no me había molestado en hacerles ver que lo que ellos entienden como normal es un lujo extremo para millones de niños. Por eso me gusta ver con ellos reportajes y películas que les den otra visión del mundo. Esto nos ayuda a quejarnos menos y agradecer más.

Poco a poco empezaron a darse cuenta de que tener ropa de marca, hacer actividades extraescolares, viajar o salir a comer fuera eran grandes lujos, pero también tener calefacción, un edredón supercalentito por las noches o frutas frescas de todo tipo. Y de que estos lujos formaban parte de nuestra vida cómoda.

Tus hijos no sabrán valorar lo que tienen si tú no les muestras otra alternativa. Hazles partícipes de asociaciones que prestan ayuda, de ONG, habla con ellos sobre el valor de las cosas y lo que cuesta conseguirlas, sobre la diferencia de oportunidades, etc. No se trata de que sufran, solo de que sepan que esta vida cómoda es real para ellos, pero no para muchos millones de niños.

Aquí te dejo los tres agradecimientos diarios de Luis, que tiene 9 años, y de su madre.

Mis tres agradecimientos de hoy son...

1. Estrenar unas botas de fútbol nuevas. Son chulas y me hacían mucha ilusión desde hacía tiempo.
2. Que el profesor de lengua me eligiera a mí para salir a la pizarra. Me lo sabía muy bien.
3. Cenar lasaña. Es mi plato favorito y mamá lo hace genial.

Luis, 9 años

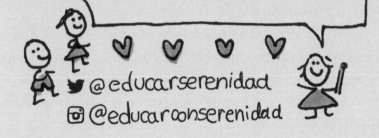

@educarserenidad
@educaroonserenidad

Mis tres agradecimientos de hoy son...

1. Compartir una buena noticia con mis compañeros de despacho. Era un caso complicado de ganar y hoy nos han dado la buena noticia.
2. Pasar la ITV sin fallos.
3. Tener tiempo para preparar a Luis su lasaña favorita y ver su cara de disfrute cuando cena.

Mamá de Luis

@educarserenidad
@educaronserenidad

Cuando realicéis esta dinámica, no os limitéis a enumerar. Lo interesante es recrearse en qué os ha hecho sentir bien y dar gracias sinceras por ello.

Juego 7

LOS VALORES QUE NOS REPRESENTAN

Mi nombre significa...

Suelo utilizar esta dinámica con todos los equipos de trabajo con los que tengo el placer de trabajar, ya sean deportivos, formativos o empresariales. Es un ejercicio muy sencillo, visual, que dirige el foco de atención de cada miembro del grupo hacia los valores propios de los que se siente orgulloso. A veces no es posible dar con el valor, pero siempre se podrá dar con alguna virtud.

Pídeles a tus hijos que escriban las letras de su nombre en un folio, en vertical (como en el ejemplo de la página siguiente). La tarea consiste en anotar un valor que les represente y que empiece por una letra de su nombre. Si no encuentran valores, pueden poner alguna virtud y luego relacionarla con un valor. Por ejemplo, imagina que alguien tiene la letra «I», como Íñigo. Puede describirse como «Inteligente» y relacionar la inteligencia como la capacidad que tiene para tomar decisiones correctas que benefician a los suyos, con lo que estaríamos relacionando la inteligencia con el valor de la generosidad.

Mira un ejemplo. Si alguno de tus hijos se llama José Antonio, dile que no haga trampa y que no se limite solo a José.

Madura

Agradecida

Respetuosa

Íntegra

Amorosa

Si te dicen que no conocen tantos valores como para identificarse, pídeles que busquen en internet páginas que hablen de valores. Esto les ayudará a investigar, leer, aprender e identificarse.

Puedes colgar los nombres de todos en alguna pared, así aumentas el compromiso con esos valores al exponerlos a los demás. Eso no significa que tengamos que echar en cara a María que no está siendo amorosa si es lo que ha descrito en el folio. La información se debe utilizar para todo lo contrario, para valorar y elogiar cada vez que se dé un valor: «María, de verdad que eres amorosa, ¡qué de besos me estás dando hoy!».

Juego 8

CATÁLOGO DE VALORES

Seguro que se nos han quedado muchos valores interesantes en el tintero, pero con esta dinámica podréis recopilar los valores que más os gusten. Se trata de realizar un catálogo de valores. En lugar de un emocionario, tendréis un «valorario».

Empezad por seleccionar diez valores. Esta tarea no solo consiste en entrar en internet, buscar valores y elegir diez sobre la marcha, aquí lo interesante es esa pequeña interacción que se establece para elegirlos, por qué esos y no otros, por qué esos valores son importantes para ti y para tus hijos. Es decir, dedícale tiempo a esta elección. Un tiempo que tenga sentido y que os permita disfrutar.

Los valores que nosotros hemos elegido son:

1. Generosidad
2. Amistad
3. Honestidad
4. Sensibilidad
5. Justicia
6. Tolerancia
7. Valentía
8. Lealtad
9. Solidaridad
10. Coherencia

@educarserenidad
@educarconserenidad

Una vez elegidos, cogéis un álbum de fotos, de esos en los que se puede escribir y pegar, o una libreta de hojas gruesas, y montáis vuestro álbum de valores. Empezáis por caligrafiar bien bonito el nombre del primer valor, por ejemplo: GENEROSIDAD. Luego podéis acompañarlo con una definición personal, no tiene por qué ser la literal del diccionario. Y a partir de ahí, adornáis y decoráis vuestro «valorario» como más os guste, con dibujos, experiencias, ejemplos, que tengan que ver con la generosidad. Deja varias hojas en blanco después de cada valor, así podrás ir completando el álbum a medida que tus hijos vivan otras experiencias con ese valor.

Se aprende escuchando, se aprende leyendo, pero sobre todo se aprende interactuando, pensando, sacando conclusiones, jugando. Este tipo de álbumes permiten a los niños interactuar con el valor desde el aprendizaje significativo. Y ya verás, de mayores les encantará recordar estas dinámicas contigo. Recuerda siempre esto: ¿qué huella y qué recuerdo quieres dejar en tus hijos?

Despedida

En mis talleres he escuchado muchas veces: «Claro, es que a ti se te ocurren todos estos juegos, pero yo, en el día a día, soy incapaz. Tú eres muy creativa». Todos somos creativos, pero es más sencillo serlo con aquello que nos apasiona. Puede que tú seas una persona creativa a la hora de combinar la ropa, algo para lo que yo soy nefasta, o a la hora de cocinar, decorar una casa o hacer un disfraz. Todos somos creativos porque todos somos talentosos.

A mí me apasiona la psicología. Me apasiona que sea fácil, rigurosa y divertida. Me apasiona educar a mis hijos, con todos mis errores, que han sido muchos. Y porque me apasiona, le doy vueltas, invento, fantaseo. Algunas dinámicas te resolverán la papeleta y otras no. Tienes una amplia variedad para experimentar. También puedes modificarlas y adaptarlas a tus circunstancias. Y tal vez te den pie para crear nuevos juegos y maneras divertidas de educar. Si te inventas algo chulo que pueda servir a la comunidad, por favor, ¡¡COMPÁRTELO!!

Y para finalizar, recuerda: estás en una nave espacial. Te raptaron ayer por la noche. Te están realizando una operación quirúrgica fantasma. Y te acaban de extirpar la posibilidad de perder los papeles. Creo que estaba en el lóbulo frontal. Ahora ya no eres capaz de perder los papeles, te han quitado esta función. ¡Estas operaciones fantasma es lo que tienen! Son un poco rarillas, pero las aceptamos como animal de compañía. Cuando te despiertes por la mañana, no recordarás nada de la intervención, pero te darás cuenta de que has perdido esa capacidad.

De modo que si ya no pudieras volver a gritar en tu vida, ni faltar el respeto, ni comparar, ni nada de eso, ¿cómo te las ingeniarías para educar a tus hijos? Seguro que encontrabas la manera, como cualquier persona que pierde una capacidad y termina por desarrollar otra con la que complementa la que ya no tiene.

Una seguidora de mis redes sociales me contó una idea maravillosa que me parece importante compartir. Cuando publiqué un post en el que argumentaba por qué nunca había que pegar, ella me escribió y me dijo que cuando sus hijos se cogían una pataleta, ella se mantenía firme, por muy pesados que se pusieran, porque se imaginaba que si la pataleta fuera por querer beberse la lejía, no cedería nunca. Y me pareció un razonamiento genial. Ante la posibilidad de que nuestros hijos estén en peligro, no cedemos nunca. Así que, con serenidad, calma y amabilidad, tampoco cedas ante los límites y los valores con los que deseas educar a tus hijos.

¡Mucho ánimo!

Y ya hemos terminado... Colorín colorado, este cuento se ha acabado. Me encantaría que no fuera un punto final y que alimentaras con creatividad la idea de educar con serenidad. De modo que te propongo que todo aquello en lo que pueda haberte inspirado, así como todo aquello que ya realices por tu cuenta, lo compartas en las redes sociales incluyendo @educarconserenidad en Instagram o @educarserenidad en Twitter. Así muchos otros padres podrán beneficiarse de tus ideas. Entre todos podemos crear una comunidad que invite a cuidar, educar y tratar a los más pequeños de otra manera.

Agradecimientos

Cada libro que publico es fruto de la confianza del equipo de Penguin Random House, en especial de Carlos y Joan. Yo escribo, pero ellos apuestan por mí. Sin ellos no tendría espacio para llegar a todos los que apreciáis mi trabajo.

También tengo que dar las gracias a todos los padres y madres que habéis pasado por el taller de «Educar con serenidad», porque me habéis hecho ver la necesidad de este libro. Muchos me decíais: «Sí, Patri, pero es que esas ideas se te ocurren a ti, y cuando estamos en casa, estresados, cansados y con ganas de relajarnos, lo último que se nos pasa por la cabeza es el juego de turno para educar con serenidad». Así que vuestra necesidad de ayuda ha sido mi motivación para escribir. Con vuestras dudas y peticiones, he podido dar forma a este nuevo libro.

Gracias a mi abuela. Abuela, tú me enseñaste desde bebé lo que significa el amor incondicional. Nunca me he sentido juzgada por ti. Siempre has estado a mi lado, también en los momentos más duros, solo para hacerme la pregunta estrella: «¿Cómo puedo ayudarte, amor mío?».

Es cierto que guiada por tu amor infinito has podido malcriarme en algún momento. Pero a tu lado me he sentido segura y confiada, sabía que estando tú ahí, no estaba sola. No necesitaba decir lo correcto para que no te enfadaras. Daba igual lo que dijera, nunca me hiciste sentir mal, o que me equivocaba. Al contrario, gran parte de mi autoestima es fruto de todos los elogios y reconocimientos que he recibido por tu parte. Abuela, solo deseo que aguantes hasta mayo, que es cuando se publica el libro. Quiero que leas este párrafo y que todo el mundo sepa la madre que he tenido contigo. Aguanta, abuela, sé que estás muy enferma, pero necesito que aguantes, gordita.

Y gracias a mi socia, Yolanda Cuevas, que con todo su cariño y amabilidad ha ido sugiriendo y corrigiendo cada capítulo a medida que los iba escribiendo. Ha sido un lujo contar con su visión sobre la educación, tan cercana a la mía.

Postfacio

Educar es un arte. Y, por tanto, toda actividad educativa es una actividad artística. La obra que tenemos entre manos es de un valor incalculable, es única y distinta de cualquier otra. Cuando yo soy la persona que está siendo educada, soy capaz de percibir si soy «alguien» importante para el educador, si mi vida tiene un valor especial, si desean educarme porque me aprecian, si el artista está dispuesto a hacer de mí una obra maestra.

Cierto que es sentido común. Pero la realidad es que esta actitud no siempre se da, motivado por distintos factores como la falta de visión, cansancio, egocentrismo, indiferencia, escasa cualificación, precipitación...

Cuando las personas que tienen alguna responsabilidad educativa —realmente todos, en mayor o menor medida— demuestran un día tras otro que esa persona es especial en sí misma, que es especial para mí, la actividad educativa se convierte en el arte más noble, el más creativo y el de mayor progreso social. La obra de arte, además, considerándose apreciada, es capaz de disculpar los errores del artista, en un clima de confianza muy elevado. Nadie nos exige que seamos perfectos artistas, pero sí que nuestra mirada sea lo más cercana posible a una aceptación incondicional.

Ninguna planta crecerá más rápido por tirar de ella. La paciencia, el sosiego, el equilibrio; la luz, el agua, la tierra; tienen su eficacia en el tiempo. Educar con serenidad es el camino para iluminar la obra maestra que somos cada uno de nosotros.

Los que creemos que más allá del firmamento existe Alguien muy especial, que nos mira con ternura y amor infinito, tenemos la misión de contemplar y descubrir en el otro esta predilección divina para elevarlo hasta las estrellas.

Agradezco con muchísima emoción a Patricia su ayuda a nuestro Programa de Liderazgo Social, con la donación del 50 por ciento de los derechos de autora a la ONG Cooperación Internacional. A través de nuestro Programa de Liderazgo Social queremos demostrar a cientos de menores en situación de vulnerabilidad que son obras maestras, especiales, únicas. Y que la existencia vale la pena vivirla con sentido, con propósito. Llegando a ser personas de bien.

PERICO HERRÁIZ
@pericoherraiz
Jefe Área Territorial de Aragón
Cooperación Internacional ONG

Descubre tu próxima lectura

Si quieres formar parte de nuestra comunidad,
regístrate en **libros.megustaleer.club**
y recibirás recomendaciones personalizadas

Penguin
Random House
Grupo Editorial

 megustaleer